El estudiante de Salamanca

Letras Hispánicas

José de Espronceda

El estudiante de Salamanca

Edición de Benito Varela Jácome

DECIMOQUINTA EDICION

CATEDRA

LETRAS HISPANICAS

Ilustración de cubierta: Mauro Cáceres

© Ediciones Cátedra, S. A.,1992
Telémaco, 43. 28027-Madrid
Depósito legal: M. 14.782-1992
ISBN: 84-376-0010-3
Printed in Spain
Impreso en Lavel
Los Llanos, Nave 6 Humanes (Madrid)

Índice

Introducción

Vida de José de Espronceda

Nacimiento y vocación

José de Espronceda es por su vida apasionante, los rasgos legendarios de su biografía, la difusión de algunas composiciones líricas, y la densidad de sus poemas largos, el poeta más brillante y popular del Romanticismo español.

El lugar de nacimiento de Espronceda está condicionado por un acontecimiento histórico. A consecuencia del motín de Aranjuez, el teniente coronel Juan de Espronceda tiene que trasladarse con su regimiento de Villafranca de los Barros a Badajoz. El parto sorprende a su esposa, María del Carmen Delgado y Lara, antes de llegar a Almendralejo, y el poeta nace en «los Pajares de la Vega» el 25 de marzo de 1808.

Conocemos pocos datos de los primeros doce años de José de Espronceda[1]. Su padre, después de combatir en Andalucía y Extremadura contra las tropas napoleónicas, es destinado sucesivamente a las guarniciones de La Coruña, Madrid y Guadalajara. Mientras tanto, su mujer y su hijo vivirían en Madrid; en 1820 residen en la calle del Lobo, hoy Echegaray.

La educación materna quizá influya en la decisión de preferir la cultura clásica y liberal de Alberto

---

[1] Bautizado en la parroquia de Nuestra Señora de la Purificación de Almendralejo con los nombres de José Ignacio Javier Oriol de la Encarnación.

Lista y José Gómez de la Hermosilla, en la calle de San Mateo, al espíritu militar de la Academia de Artillería de Segovia.

La sensibilidad de Alberto Lista, los juicios críticos de Hermosilla y las veladas literarias de la «Academia de Mirto», en donde lee sus primeros versos, deciden la vocación de Espronceda hacia el temprano cultivo de la poesía.

Primeras aventuras

Espronceda fue un espíritu inquieto desde su niñez. Su amigo Patricio de la Escosura[2] nos habla de su agilidad, su temperamento sanguíneo, su ánimo audaz y temerario. Bordean la picaresca, si son ciertas, sus travesuras de atar el cajón de las castañeras al coche próximo y apedrear los cristales de las tiendas.

Desde los quince años, Espronceda se mezcla en la efervescencia política de su tiempo: presencia, con otros muchachos de su edad, la ejecución de Riego; alardea de liberalismo; asiste a las exaltadas reuniones secretas de la Sociedad Numantina, con Escosura, Miguel Ortiz, Ventura de la Vega, Núñez de Arenas...; juega a las conspiraciones y, en mayo de 1825, es condenado a cinco años de reclusión en el convento de San Francisco de Guadalajara. Durante este confinamiento escribe los fragmentos del poema épico *El Pelayo*.

En la emigración

La fecha de 1827 marca una nueva etapa en la vida de Espronceda. Su espíritu inquieto y su acción política le empujan a la emigración. Él mismo describe la salida de España, en el «viaje histórico» *De*

---

[2] «Cómo y de qué manera conocí a Espronceda», en *La Ilustración Española y Americana*, I, núm. 5, 6 de febrero 1876, páginas 87-90.

Gibraltar a Lisboa: «Llevado de mis instintos de ver mundo había dejado mi casa sin dar cuenta a nadie y contaba apenas diecisiete años.» Al llegar al puerto portugués, ante el pago de una inspección sanitaria, dice: «Yo saqué un duro, único que tenía, y me devolvieron dos pesetas, que arrojé al río Tajo, porque no quería entrar en tan gran capital con tan poco dinero.»

Después de un confinamiento en Santarem, marcha a Londres a comienzos de septiembre de 1827. Inglaterra y Francia ambientan los sueños y azares de proscrito poeta. Entre los emigrados españoles de Somers Town se distingue por su exaltación liberal; en la capital inglesa entra en contacto con las sociedades secretas. En París interviene en las «jornadas de julio» de 1830. Participa, según propio testimonio, en la arriesgada incursión en Navarra, dirigida por Joaquín de Pablo, «Chapalangarra». Por fin, termina sus seis años de exilio a comienzos de marzo de 1833, al acogerse a la amnistía para los emigrados liberales promulgada por la reina María Cristina.

Actividad política

Espronceda, ejemplo de tipo extravertido, hombre de acción, reorganiza su vida al regresar a Madrid; incrementa su producción literaria, pero no abandona la intervención política directa. Es expulsado de la Guardia de Corps por unos versos calificados de subversivos...

Después de la muerte de Fernando VII regresa a la Corte y continúa enrolado en la acción liberal. Hasta 1840 se destaca como exaltado defensor de los principios democráticos; es encarcelado en julio de 1834; interviene, sucesivamente, en la sublevación contra el Gobierno de Toreno, en una agitada sesión patriótica, en un intento de motín contra Istúriz; ataca al gobierno constituido en su folleto *El Ministerio Mendizábal*; conspira en Andalucía; se distingue como miliciano nacional, al mando de una compañía de Cazadores.

La regencia de Espartero abre nuevas perspectivas al poeta; entra en una etapa de cierto sosiego. A finales de 1841 es nombrado secretario en la legación española de los Países Bajos; elegido diputado por la provincia de Almería, interviene varias veces en las sesiones de las Cortes. La actuación parlamentaria de Espronceda ha sido elogiada por varios autores.

Para Joaquín Casalduero[3], «su oratoria, que nunca cae en la retórica, se distingue por sus ideas y buen sentido y también por su agilidad y viveza; en el ataque es certero; en la defensa, rápido».

Su actividad política se proyecta también en el periodismo, sobre todo en *El Sol*, *El Huracán* y *El Pensamiento*. Al mismo tiempo, interviene en todas las actividades culturales madrileñas. Mesonero Romanos nos lo presenta en las reuniones del Parnasillo, «con su entonada y un tanto pedantesca actitud, lanzando epigramas contra todo lo existente, lo pasado y lo futuro». Figura entre los fundadores del Ateneo, y es vicepresidente de la sección de Literatura del Liceo Artístico y Literario, constituido en 1838.

Vida sentimental

Juega un papel tan predominante como la acción política y su dedicación literaria, la vida sentimental de Espronceda. La dramática pasión por Teresa Mancha llena los mejores años de su juventud e inspira el emotivo segundo canto de *El diablo mundo*.

Los biógrafos difieren sobre la fecha y el lugar del conocimiento del poeta y la hija del emigrado coronel Mancha. Pudo ser en Lisboa o en la primera o segunda visita a Londres. Tampoco podemos precisar el escandaloso rapto, en Londres o en el Hotel Favart, de

---

[3] *Espronceda*, Gredos. Madrid, 1961, pág. 59.

París, en el otoño de 1831 ó 1832. Lo cierto es que Espronceda rapta a Teresa cuando ya estaba casada con el comerciante español Gregorio del Bayo. Viven juntos en París; regresan a España separados, pero los amores adúlteros continúan en Madrid, y en 1834 nace su hija Blanca. Pero no dura mucho esta aventura pasional. Teresa, después de varias rupturas temporales, termina separándose del poeta y muere, en triste amargura, en 1839.

Se especula también con los amores de Carmen Osorio, la «hermosa sin ventura» a quien dedica sus poesías. Por fin llega un momento en que la tumultuosa vida pasional de Espronceda parece serenarse y aparece una nueva figura femenina, Bernarda de Beruete, destinada a ser su mujer.

La muerte prematura del poeta corta este último idilio. Espronceda enferma de difteria, no se atreven a practicarle la traqueotomía y muere el 23 de mayo de 1842.

Fama póstuma

Los periódicos se hacen eco del fallecimiento. Participa en el sepelio una gran multitud. Pronuncian discursos Joaquín María López y González Bravo; leen poesías Gil y Carrasco, Miguel Agustín Príncipe y Romero Larrañaga, y el actor Julián Romea recita unos fragmentos de *El diablo mundo*.

José Zorrilla trazará años más tarde este retrato del autor de la *Canción del pirata*: «La cabeza de Espronceda rebosaba carácter y originalidad. Su cara, pálida, por la enfermedad, estaba coronada por una cabellera negra, rizada y sedosa, dividida por una raya casi en medio de la cabeza, y ahuecada por ambos lados sobre las orejas, pequeñas y finas, cuyos lóbulos inferiores asomaban entre rizos. Sus cejas, negras, finas y rectas, doselaban sus ojos, límpidos e inquietos, resguardados... por riquísimas pestañas;

el perfil de su nariz no era muy correcto; y su boca, desdeñosa, cuyo labio inferior era algo aborbonado, estaba medio oculta en un fino bigote y una perilla unida a la barba, que se rizaba por ambos lados de la mandíbula inferior. Su frente era espaciosa y sin más rayas que las que, de arriba a abajo, marcaba el fruncimiento de las cejas; su mirada era franca, y su risa, pronta y frecuente, no rompía jamás en descompuesta carcajada. Su cuello era vigoroso y sus manos finas, nerviosas y bien cuidadas»[4].

Otros escritores contemporáneos evocan las andanzas juveniles del poeta. Podríamos espigar las semblanzas de Juan Valera, Ferrer del Río, Escosura y Mesonero Romanos. Pero la mayor demostración de su fama es la conversión en personaje novelesco. Espronceda es el protagonista de *El patriarca del valle*, de Patricio de la Escosura; aparece repetidas veces en el amplio retablo histórico de los *Episodios*, de Benito Pérez Galdós, *Los apostólicos*, *Mendizábal*, *De Oñate a la Granja*, *La estafeta romántica*, *Los ayacuchos* y *Bodas reales*. Figura también en la serie cíclica *Memorias de un hombre de acción*, de Pío Baroja, sobre todo en *La veleta de Gastizar*, *Los caudillos de 1830* y *La Isabelina*. También la dramática vida de su amante está novelada por Rosa Chacel, en la densa narración titulada *Teresa*[5].

---

[4] *Recuerdos del tiempo viejo*, ver *Obras completas*, de Zorrilla, tomo II, pág. 1750.
[5] Esta proyección de la figura de Espronceda está estudiada por Jorge Campos: *Introducción a Obras completas*, BAE. Madrid, 1954.

Obras de Espronceda

Escritos en prosa

La poesía de Espronceda ensombrece el resto de su producción, pero no podemos dejar al margen el teatro y la prosa. Tuvo resonancia, por su alcance político, el folleto titulado *El Ministerio Mendizábal* (1836). Expone su ideología liberal en los artículos «Política general», publicados en *El Pensamiento* (1841). Escribe sobre poesía en *El Siglo* (1834). Ensaya el artículo de costumbres en las páginas de *El Artista;* reseña representaciones teatrales; narra episodios autobiográficos en *De Gibraltar a Lisboa* y *Un recuerdo.* ·

Tiene un interés especial el artículo «El pastor Clasiquino» publicado en *El Artista* (1835), aguda sátira de las ficciones pastoriles de la escuela neoclásica.

La producción en prosa más significativa de Espronceda es la larga novela *Sancho Saldaña o el Castellano de Cuéllar*, escrita durante su destierro de 1833 y publicada en 1834.

La acción de *Sancho Saldaña*, ambientada a fines del siglo XIII, arranca de la *Crónica de Sancho el Bravo*, pero los motivos históricos están desbordados por la materia novelesca. Se acumulan los recursos popularizados por Walter Scott: conspiraciones, crímenes, traiciones, personajes misteriosos, pasadizos secretos, tumbas que se abren...

Antonio Cartón y Cascales Muñoz plantean el problema de la intervención de Espronceda en la redacción de la novela. Para Churchman, los 48 capítulos de la primera edición son de nuestro poeta. Pero la ampliación del segundo volumen de la edición de 1870 se debe a Nombela y al abogado García Cuevas.

Teatro

José de Espronceda escribió, en colaboración con Antonio Ros de Olano, la comedia en verso *Ni el tío ni el sobrino* (1834), y con Moreno López, el drama romántico en prosa *Amor venga sus agravios* (1838),

Tiene mayor importancia *Blanca de Borbón*, terminada hacia 1836. Es una tragedia de cinco actos escritos en romance heroico, ambientada en el siglo XIV, protagonizada por Pedro el Cruel, Enrique de Trastamara y Doña Blanca. El conflicto entre la libertad y el mal está atenuado por las situaciones líricas.

Evolución poética

La producción lírica de Espronceda sigue una gradual evolución temática y técnica. Walter Pattison[6] establece cuatro etapas. En primer lugar la década juvenil 1822-1832, de lenguaje convencional, tema pastoril, plácida melancolía, y altisonancia de sus odas patrióticas con las composiciones *Serenata*, *A una dama burlada*, *A la noche* y *El pescador*.

A esta primera etapa pertenece *El Pelayo*, poema épico de adolescencia, ajustado a un vasto plan de Alberto Lista, que el poeta no llegó a completar. Los seis fragmentos están escritos en octavas reales; predominan las influencias literarias, el retoricismo, el tono general neoclásico. Pero también reconocemos rasgos y efectismos románticos, especialmente en la descripción de la batalla de Guadalete, en la estampa del serrallo, en el impresionante cuadro del hambre.

El viraje hacia el Romanticismo comienza con la imitación de Ossian, *Óscar y Malvina*. La misma trayectoria, con resonancias neoclásicas, sigue en el *Himno al Sol* (1834). Con su regreso de la emigración (1833) se inicia, para Pattison, la segunda etapa, el «style troubadour» francés, con una temática preferente de cruzados, cautivos y moros. De 1835 a 1836 asimila la influencia de Lord Byron, y desde 1837 hasta su muerte, su inspiración fluye personal, libre,

---

6 *On Espronceda's Personality*, en «Modern Language Association of America», LXI, núm. 4, 1946.

avasalladora. Es la época de *El estudiante de Sala-manca* y *El diablo mundo*.

Dentro del lirismo «revolucionario y tormentoso» de Espronceda descubrimos un nuevo sentido humanitarista de la vida, una preferencia por tipos sociales marginales. En la *Canción del pirata*, exalta la libertad del capitán que sacudió la esclavitud. El *Canto del cosaco* es una antítesis entre la civilización y la barbarie. El *mendigo* proclama: «Mío es el mundo: como el aire libres, —otros trabajan porque coma yo.» *El verdugo* y *El reo de muerte* expresan el dolor del poeta ante la indiferencia y la maldad humanas. También la protagonista de *A Jarifa en una orgía* es un tipo marginal, que vive fuera de la ordenada estratificación de la sociedad femenina.

Uno de los problemas de la obra esproncediana más discutido es la influencia byroniana. Esta influencia no es tan intensa como quiere Philip H. Churchman. Esteban Pujals, en su denso libro, *Espronceda y Lord Byron*[7], hace un minucioso estudio comparativo; señala las influencias y resalta las divergencias: distinta concepción del mundo, diferente actitud ante los sentimientos humanos; más hondura filosófica, talento narrativo en el poeta inglés; más fondo corrosivo, más inspiración y más temperamento lírico en el poeta español.

«El diablo mundo»

Un intento más ambicioso es *El diablo mundo*, inconclusa epopeya de la humanidad. Tal como ha quedado el poema comprende una introducción, seis cantos y fragmentos del séptimo. El poeta ha perdido la fuerza, la sugestión, el dinamismo de su primer poema largo, pero gana dimensión filosófica, aunque

---

[7]   Madrid, C. S. I. C., 1951.

para algunos críticos resulte una filosofía incongruente y trivial.

Joaquín Casalduero[8] ve en *El diablo mundo* dos polos distintos de la humanidad, dos melodías de la vida. Después de la revelación de los coros de demonios en libertad, que arrastran a los genios destructores de la naturaleza y del hombre, el poeta nos muestra la noche del hombre caduco, que evoca la mentira, vanidad y locura del mundo, que vive la angustia de la lucha entre la vida, la vejez y la muerte, hasta que recobra la juventud, como el Fausto goethiano.

En el canto tercero nos presenta al hombre en el mundo después de su rejuvenecimiento; un rejuvecimiento distinto de Fausto. La juventud nueva del protagonista esproncediano Adán es, para Casalduero, «un volver a nacer» en el ritmo de la humanidad.

Adán, encarcelado por el escándalo de andar desnudo, se enfrenta, en el canto cuarto, con una nueva y doble realidad: la poderosa atracción de la Salada, vigorosa creación femenina, y el aconsejador tío Lucas, tipo marginal, «digno heredero de Monipodio» para algunos críticos. El canto quinto, con escenas de indudable factura dramática, además de la carrera pasional de Salada y Adán, nos acerca al cuadro de costumbres de la taberna de Avapiés, con su concurrencia de «majos», «Manolos y Manolas que danzan», tocadores de guitarra y juego de hirientes navajas.

La parte más emotiva de *El diablo mundo* es el famoso *Canto a Teresa*, «desahogo de mi corazón; sáltelo, el que no quisiera leerlo, sin escrúpulo, pues no está ligado de manera alguna con el poema». Sus 44 octavas reales, confesión autobiográfica arrebatada, reveladora de los sentimientos del autor, surgen de la sentida visión del cadáver de la amada Teresa Mancha.

---

8 *Forma y visión de* «El diablo mundo», *de Espronceda*, Ínsula. Madrid, 1951.

«El estudiante de Salamanca»

La fecha

Espronceda trabaja en la redacción de *El estudiante de Salamanca* desde 1836. Esta fecha, ya supuesta por Geoffrey Brereton [9] al considerar el poema inspirado por la ruptura con Teresa, está confirmada por la publicación de los primeros versos en *El Español*. En 1837 publica la primera parte en el *Museo Artístico y Literario* [10], desde «Era más de media noche» hasta «dulce le mira, extática le adora».

Encontramos en la primera versión una variante: la invocación a don Juan de Mañara, suscitada por la leyenda sevillana o por la lectura de Alejandro Dumas:

> Nuevo Don Juan de Mañara,
> alma fiera e insolente,
> irreligioso y valiente,
> altanero y reñidor.

En 1839 lee en la Asociación Literaria de Granada un fragmento del poema. Y la versión íntegra se publica en 1840, en el tomo *Poesías* [11], prologado por José García de Villalta. Cuando se prepara esta edición el autor se encuentra aún en Andalucía y no

---

[9] *Quelques précisions sur les sources d'Espronceda*, Jouve. París, 1913.

[10] Núm. 4, 22 de junio. Debo su consulta a un entrañable amigo, el infatigable investigador Dionisio Gamallo Fierros.

[11] Imprenta de Yenes, págs. 171-277.

puede corregir directamente las pruebas, «ni solventar dudas».

Fuentes de la leyenda

Se funden en *El estudiante de Salamanca* varios motivos temáticos ya fijados por la tradición literaria: el mito de don Juan Tenorio, la locura de la protagonista, la impresionante ronda espectral, la visión del propio entierro, la mujer transformada en esqueleto.

El burlador de Sevilla y convidado de piedra y *No hay plazo que no se cumpla ni deuda que no se pague* pueden inspirar a Espronceda, aparte del donjuanismo del protagonista, la estremecedora escena del cementerio. Recordemos el dramatismo del Tenorio de Tirso, sepultándose entre las llamas al estrechar la mano de mármol de la estatua del Comendador, o la penúltima escena del drama de Zamora, con las puertas del cementerio abriéndose ante don Juan y Camacho, los pajes enlutados, con mascarillas de esqueletos, y el burlador abrazado con la estatua de don Gonzalo.

Entre los antecedentes de la mujer transformada en esqueleto podemos citar la historia de San Gil de Portugal, dramatizada por Mira de Amescua en *El esclavo del demonio*, y el relato hagiográfico de San Cipriano, de la *Leyenda Áurea*, de Jacobo de la Vorágine, antecedente de *El mágico prodigioso*, de Calderón de la Barca. Don Gil de Portugal se encuentra con el esqueleto de Leonor; y el Cipriano calderoniano, al pretender abrazar a Justina, descubre también su esqueleto.

La visión espeluznante del descarnado esqueleto la encontramos también en relatos en prosa de los siglos XVI y XVII. Tenemos un ejemplo en el suceso acaecido al estudiante español Juan Vázquez de Ayola en Bolonia, narrado por Antonio de Torquemada en *Jardín de flores curiosas* (1570). El motivo se repite en *La constante cordobesa*, de Gonzalo de Céspedes y Meneses, incluido en sus *Historias peregrinas y ejemplares* (1623).

La escena tiene en Espronceda un colorido romántico, impresionante y efectista. Montemar, al alzar el velo de la misteriosa y blanca visión, descubre una horrible calavera; mientras un coro de espectros grita el encuentro de los amantes, se presenta el muerto don Diego para mostrarle a su esposa. Don Félix quisiera tener por padrino a Luzbel e invitar a los espectros; y la culminación de las bodas macabras es un veloz remolino, una fantástica danza, con encuadres de crudo detallismo prenaturalista como éste:

> El carïado, lívido esqueleto,
> los fríos, largos y asquerosos brazos,
> le enreda en tanto en apretados lazos,
> y ávido le acaricia en su ansiedad;
> y con su boca cavernosa busca
> la boca de Montemar, y a su mejilla
> la árida, descarnada y amarilla
> junta y refriega repugnante faz...

El encuentro nocturno con la misteriosa dama es el pretexto para la amonestación al protagonista y la premonición de un tremendo castigo. La prodigiosa metamorfosis determina el arrepentimiento de los protagonistas del teatro del Siglo de Oro; en cambio, don Félix de Montemar no depone su intemperante arrogancia; nos recuerda algo al burlador don Jorge, de la segunda parte de *Santa Juana*, de Tirso de Molina, que también desdeña las admoniciones.

El núcleo de *El estudiante de Salamanca* es la visión del propio entierro. El tema aparece dramatizado en *El niño diablo*, de Vélez de Guevara; *El rayo y terror de Italia*, de Pedro Rosete Niño; *El vaso de elección, San Pablo*, de Lope de Vega. Una variante puede ser *El purgatorio de San Patricio*, de Calderón de la Barca, historia de Ludovico Ennio, que, impresionado por la visión de su propio esqueleto, se arrepiente.

Para algunos críticos, el poema esproncediano es un préstamo de uno de los relatos de *Soledades de la vida y desengaños del mundo* (1658), de Cristóbal Lozano, titulado el *Estudiante Lisardo*. Pero hay que suponer que Espronceda se sirvió directamente de fuentes más próximas: *El abogado de Cuenca* (1826), de José Joaquín de Mora; *El golpe en vago*, de José García de Villalta, y los romances del estudiante Lisardo.

Nuestro poeta conoció, sin duda, el largo romance, *Lisardo, el estudiante de Córdoba*, profusamente divulgado entre el pueblo y recogido por Agustín Durán en su *Romancero de romances* (1828-1832). Aparte del rápido tránsito a través de varias calles y de la visión en un tenebroso lugar, la historia de Lisardo se aproxima a la de Montemar en la descripción del desfile fúnebre, la estremecedora visión de las propias exequias y la interrogación a uno de los enlutados del cortejo[12].

Creo que aún tiene mayor importancia el antecedente de *El estudiante de Salamanca* estudiado por el profesor de la Universidad Duke, Elías Torre[13]. Me refiero a la novela *El golpe en vago*, de José García de Villalta, publicada a mediados de 1835. En García de Villalta, amigo de Espronceda y prologuista de sus *Poesías*, el motivo del hombre que contempla sus exequias es un equívoco puramente accidental, pero las situaciones claves del episodio, ambientado en Córdoba, influirían en el poema esproncediano.

Fradejas Lebrero ha tenido el acierto de relacionar el aquelarre espectral de la parte IV con *La sinfonía*

---

12 Ver *Romancero general*, II, BAE, XVI, págs. 264-268.

13 «García de Villalta y Espronceda. Un antecedente de *El estudiante de Salamanca*», en *Ínsula*, noviembre 1957, pág. 4.

fantástica, de Hector Berlioz, estrenada en París en 1830. La relación con el tiempo final, *Sueño de una noche de sábado*, es exacta, si tenemos en cuenta la interpretación del propio Berlioz: «Él se ve en el aquelarre, en medio de una espantosa multitud de sombras, brujas, monstruos de toda especie, reunidos para sus funerales. Ruidos extraños, gemidos, carcajadas, ruidos lejanos a los cuales otros gritos parecen responder..., no es más que un aire de danza innoble, trivial y grotesca: La ronda de aquella y el dies irae juntos.»

Quiero señalar, por último, las coincidencias con la leyenda *El capitán Montoya*, de José Zorrilla y Moral: ambiente nocturno, cuchilladas en una calle, el donjuanismo del protagonista don César, la sorprendente visión del propio entierro. Claro que aquí el héroe se arrepiente y sigue una vida de penitencia, mientras que Montemar corre a la muerte.

Habría que plantear la cuestión de prioridad. En 1837, Espronceda publica el primer fragmento de su poema; en julio de 1839 lee en Granada otro fragmento; en 1840 aparece la versión completa. *El capitán Montoya*, embrión del Tenorio según el propio autor, se incluye en el tomo VIII de sus obras, publicado también en 1840. Pero Zorrilla manifiesta en una nota que hacia 1839 leyó su leyenda en el Liceo, frecuentado por Espronceda, ante el entusiasmo de los románticos.

Significación del poema

El estudiante de Salamanca es un impresionante poema de la noche y de la muerte, desarrollado entre medianoche y el amanecer. Es la máxima expresión de la muerte terrorífica, desesperada, opuesta al conformismo, a la aceptación cristiana del cuatrocientos. El poeta pudo servirse de la larga tradición literaria y partir, también de la estremecedora visión del cadáver de Teresa Mancha, en un piso bajo de la calle de Santa Isabel, el 8 de septiembre de 1839. Recordemos cómo la amada muerta inspiraba el emotivo canto II de *El diablo mundo*.

La publicación del «cuento» en verso *El estudiante de Salamanca* elevó el nivel de la poesía lírico-narrativa a una altura desusada. Es la mejor muestra del género dentro del Romanticismo español; puede considerarse superior a las leyendas del Duque de Rivas y Zorrilla; aventaja a veces a los poemas de lord Byron, *Parisina*, *Mazeppa*, *Manfred*, *The Island*.

Encontramos repetido en el poema esproncediano el espíritu de rebeldía de las canciones, el color local de los poemas ossiánicos y una especial concepción romántico-tradicional del amor. Pero, además, por su estructura narrativa, por su denso clímax romántico, *El estudiante de Salamanca* ha merecido los mejores elogios de la crítica.

Para Allison Peers, Espronceda «da forma netamente propia a la leyenda de don Juan». Y, sin duda, influyó en el popular drama *Don Juan Tenorio* (1844). Ya doña Emilia Pardo Bazán afirma que *El estudiante de Salamanca* «dejó el modelo innegable de la creación de Zorrilla, forma moderna de tantas antiguas consejas y tradiciones» [14].

Expresión y contenido

El paralelismo entre los planos de la expresión y del contenido tiene en Espronceda unos valores singulares. Es fácil establecer en *El estudiante de Salamanca* la correlación, privativa de la semiótica, entre el

---

[14] Trabajo leído en el Ateneo madrileño el 8 de abril de 1908. Vid. Francisco Serrano Castilla: «Doña Emilia Pardo Bazán y el primer centenario de Espronceda», *Cuadernos de Estudios Gallegos*, XXI, 63, 1966, págs. 103-115.

significante y el significado. Los femas toman una especial forma distinta para ajustarse a las unidades de significación (semas) [15]. Los niveles de jerarquización, el isomorfismo entre las unidades poéticas y su transcodificación sintagmática están determinadas por el clímax romántico del poema. La euforia, el énfasis, la melancolía, la lóbrega danza fúnebre, imponen unos característicos esquemas fonemáticos y prosódicos.

La búsqueda de los peculiares tópicos románticos se manifiestan en las correlaciones entre los niveles expresivos y narrativos, entre las isotopías horizontales y verticales, entre los esquemas funcionales y actanciales. La misma versificación polimétrica tiene una estructura fono-semántica, en íntima relación con las variaciones temáticas. Y, en general, en los versos esproncedianos se repiten una serie de simetrías y alternancias, de armonías e inarmonías, de consonancias y asonancias, unos cambios de métrica y ritmo, condicionados por los ejes semánticos del contenido.

Nivel léxico

El nivel léxico de Espronceda tiene una riqueza poco frecuente en la poesía romántica española; acumula distintos procedimientos expresivos; está en función del mundo fantástico del poema. Domingo Ynduráin [16] estudia varias formas gramaticales: recurrencia de las expresiones tópicas, adje-

---

[15] Seguimos la terminología del profesor Algirdas J. Greimas. *Fema* es el rasgo mínimo pertinente de la expresión. *Sema*, el rasgo mínimo pertinente del contenido. Vid. *Du sens. Essais semiotiques.* Ed. du Seuil, París, 1970. Edición española: *En torno al sentido.* Ed. Fragua, Madrid, 1973.

[16] *Análisis formal de la poesía de Espronceda*, Taurus, Madrid, 1971.

tivación, disyunción, función expresiva del verbo, interrogaciones, exclamaciones para expresar dolor y tristeza, sustantivaciones, oposiciones...

Merecen una mención especial, como rasgo característico, las enumeraciones, en forma ordenada o caótica, con la estructura asindética o polisindética. Los sustantivos se emplean sin denominación o en estructura compleja; como ésta:

> Al aire, al campo, a las fragantes flores,
> ella añade esplendor, vida y colores.

Las enumeraciones de los adjetivos aparecen aisladas o se suman a los sustantivos, pero siempre imprimen plasticidad, dinamismo o tensiones anímicas, como veremos más adelante. En cuanto a las enumeraciones verbales, escasean las formas dependientes del mismo sujeto:

> Ora, vedla, mira al cielo,
> ora, suspira y se para.

Pero abunda la yuxtaposición de distintas oraciones:

> La vi, me amó, creció el juego,
> se murió, no es culpa mía.

La adjetivación

Dentro del nivel léxico, ocupa un primer plano la adjetivación. Domingo Ynduráin[17] ha contabilizado 650 adjetivos en *El estudiante de Salamanca*, de los que son distintos 320. El adjetivo, operador poético determinativo o connotativo, tiene en Espronceda distintos valores.

Los adjetivos se acumulan, se anteponen preferentemente al sustantivo, lo rodean, en múltiple

---

[17] *Op. cit.*, págs. 177 y ss.

pertinencia connotativa. Las sensaciones del entorno se reflejan constantemente a lo largo del poema. Predominan en las visualizaciones plásticas los colores «blanco», «negro», «sombrío», «oscuro». Menudean las percepciones táctiles: «áspero», «duro», «blando», «suave», «mullido», «tiernos», «recio»...; y los adjetivos cinéticos: «rápido», «veloz», «raudo», «súbito», «convulso»...

Los epítetos tradicionales, inspirados por la lectura de los clásicos y las enseñanzas de Alberto Lista, aparecen en las partes más remansadas del poema: «fragantes flores», «sol radiante», «cándida mañana», «blanca luz suave», «cielo azul».

Abundan más los adjetivos enfáticos, intensificativos o denigrantes. Nos basta con espigar unos cuantos sintagmas nominales: «delirante sonreír», «ilusión divina», «éxtasis celestial», «ojos fulgurantes», «infernal anhelo», «grandiosa, satánica figura», «violento torbellino». Pero Espronceda prefiere una forma subjetiva de adjetivar, una especial concepción sentimental del mundo. Podemos seguir para su estudio la cuádruple escala ascendente de sentimientos establecida por Gonzalo Sobejano[18]: indeterminación o vaguedad; tristeza y melancolía; apasionamiento; horror.

La vaguedad, la indeterminación, el ensueño, preferidos desde los primeros poetas románticos hasta las *Rimas* becquerianas, aparecen algunas veces en el poema en contraste con los calificativos pasionales y las fuertes matizaciones tenebrosas. Espronceda prefiere los adjetivos: «vago», «fugitiva», «lánguido», «flotante», «flébil», «incierto», «misterioso», «mágico», «quimérico», «trémula»... Y adensa, a veces, la sensación de vaguedad con la acumulación de adjetivos del mismo o cercano campo semántico: «vaga ilusión descolorida»; «mística y aérea dudo-

---

18   *El epíteto de la lírica española*, Gredos. Madrid, 1956, pág. 379.

sa visión»; «ágil, veloz aérea y vaporosa, la mágica visión del blanco velo»...

La melancolía, otro centro de interés de la poesía romántica, en sus diversas formas, *Weltschmerz*, byronismo, *mal du siècle*, desengaño, aparece como tormento, desconsuelo, tristeza y pesimismo en Espronceda. En *El estudiante de Salamanca*, la protagonista, Elvira, es un ejemplo de tristeza, de infelicidad, de desdicha, de abandono amoroso. Pero al lado del «moribundo corazón», del «fúnebre llanto de amor», también las cosas se matizan de tristeza: «melancólica luna», «sonido melancólico del arpa», «música triste, lánguida y vaga», patios «yerbosos, tristes, húmedos y oscuros»...

Más de acuerdo con el temperamento del héroe esproncediano están los calificativos que expresan apasionamiento, odio, ira, rebeldía. Tenemos buenos ejemplos caracterizados en estos sintagmas: «alma fiera insolente», «altanero y reñidor», «ánimo altanero», «aire insolente», «iracundo rostro», «fiero ademán...

El clímax romántico de *El estudiante de Salamanca* favorece la profusión de epítetos enérgicos que expresen horror, miedo, visión del mundo espectral. Dentro del predominio de los tonos sombríos, se repite el esdrújulo *lóbrego* aplicado al silencio, al silbar el viento, a los sonidos, a la voz de los espectros, al entierro. Juega con adjetivos que expresan terror: «fatídica figura», «pavorosos fantasmas», «temerosas voces», «mortífero aliento», «pavoroso estrépito», «silencio aterrador y frío». Acumula las pinceladas tenebrosas, efectistas, en la visión del propio entierro, la danza de los espectros, en las bodas macabras.

Recursos estilísticos

Además de la riqueza adjetival, Espronceda emplea diversos recursos estilísticos: la aliteración, el

31

contraste de sonidos oscuros y fuertes, los encabalgamientos suaves y abruptos... Es frecuente la simetría, en la equivalencia de términos gramaticales y en la yuxtaposición de unidades melódicas contiguas. Podemos espigar varios ejemplos de bimembración de los endecasílabos:

> Dulces caricias, lánguidos abrazos
> . . . .
> astros de gloria, manantial de vida
> . . . .
> dulce le mira, estática le adora
> . . . .
> con firme pecho y decisión segura
> . . . .
> ¡Desengaño fatal! ¡Triste verdad!

A lo largo del poema juega con la vaguedad, la indeterminación objetiva, el alejamiento, la «fantástica ilusión». Menudean los contrastes entre la sombra y la luz, entre la realidad y el ensueño, entre la personalización y la fantasmagoría.

La realidad aparece visualizada plásticamente mediante el recurso de la comparación. Al lado de las comparaciones tenebrosas —las torres se dibujan en la noche, «cual negros fantasmas»; el fantasma aparece, «cual ánima en pena»; las luces, «como antorchas funerales»—; las tinieblas se aligeran, «cual vana ilusión», se iluminan, «como transparente gasa». Al mismo tiempo encontramos actitudes o sentimientos humanos comparados con matices del paisaje: el corazón de la Elvira feliz se abría, «como al rayo del sol rosa temprana».

También se transmutan metafóricamente las motivaciones del paisaje y el comportamiento humano. En la línea tradicional de la identificación del plano real y el plano evocado podemos espigar una serie de ejemplos. Dentro del campo luminoso: la luna es en el horizonte «pura virgen solitaria», transforma el arroyuelo en «fúlgida cinta de plata», produce chispas «argentadas» en el ramaje esmeralda. Los rasgos de Elvira se metaforizan en elementos de la naturaleza, en forma próxima a lo que hará Bécquer treinta años más tarde: ola del mar, «susurro del viento», «murmuro del agua».

Pero también se metaforiza el mundo de pesadilla de la cuarta parte del poema. La misteriosa visión se ilumina como «leve punto de luciente plata» o bordea el límite de la imagen visionaria, al convertirse en «vagarosa estrella». Y juega, además, con los tópicos en forma enfática: horas de ansiedad «en lecho de espinas», el «corazón roto saltando a pedazos»; las tristes lágrimas cuajadas en «ponzoñoso lago de punzante hielo».

Versificación polimétrica

La nota más característica de *El estudiante de Salamanca* es la métrica. Espronceda emplea la versificación polimétrica con una veintena de estructuras distintas, con algunas formas amétricas que no se ajustan a los esquemas acostumbrados.

El romance octosilábico de terminación trocaica, con que se abre la primera parte, se interrumpe con una serie de trisílabos y tetrasílabos de rima desajustada, y después de una docena de versos estructurados en forma de romance con rima aguda sigue una serie de dodecasílabos agrupados en serventesios [19] *(ABAB)*.

La semblanza de don Félix está compuesta en octavillas *(aab'-ccb')*. En cambio, para el retrato romántico de Elvira prefiere las ventajas narrativas de la octava real *(ABABABCC)*.

---

[19] Navarro Tomás *(Métrica española*, Nueva York, 1956) considera errónea la denominación de serventesio y la sustituye por la de *cuarteto cruzado*.

La métrica tiende a adaptarse al movimiento del del asunto. Para la serena descripción paisajística de la segunda parte vuelve a la modalidad del romance, sustituido en la presentación de la protagonista, por una serie de quintillas ajustadas a estos tres esquemas: *abaab, ababa, abbab*. En cambio, la locura y la muerte de Elvira está contada en serventesios, y la carta intercalada, en octavas reales. El «cuadro dramático» está casi totalmente escrito en octosílabos, con preferencia por el romance y algunas muestras de redondilla.

En la última parte del poema encontramos la misma variedad polimétrica, desde las formas arromanceadas a la escala métrica. La marcha de Montemar por la calle del Ataúd y el encuentro con la visión misteriosa se remansan en una larga serie de serventesios, primero en endecasílabos y después en dodecasílabos. El primer monólogo de don Félix está compuesto en redondillas cruzadas o cuartetas *(abab)* y el segundo en quintillas.

El dinámico recorrido por las calles solitarias salta de la breve serie de hexasílabos al romance octosílabo de acentuación aguda. En cambio, para ofrecernos el tenebroso desfile fúnebre, el poeta recurre al remansado dodecasílabo. Siguen varios serventesios de endecasílabos y una serie de octavas reales.

Los últimos 300 versos se estructuran en escalas métricas ascendentes y descendentes. La primera escala parte de unos onomatopéyicos versos trisílabos y va ascendiendo gradualmente en series de 4, 5, 6, 7, 8, 9, 10, 11 y 12, sílabas. El momento culminante de las bodas macabras está narrado en la majestuosa gradación de serventesios, y desde aquí la escala métrica se convierte en descendente, con series sucesivas escalonadas: octavas italianas de endecasílabos, decasílabos y eneasílabos; octavillas de octosílabos, heptasílabos, hexasílabos, tetrasílabos y tri-

sílabos, hasta extinguirse en el triple golpeteo de los
versos bisílabos:

> Leve,
> breve
> son.

Estructura

A través de sólo 1.704 versos se condensa una compleja acción, sometida a distintas tensiones, a variados
ritmos, al efecto de contrastes, al juego entre pasajes
líricos y narrativos. En los 179 versos de la primera
parte, el poeta describe la noche tenebrosa que en-
vuelve las calles salmantinas. Sobre el trasfondo suge-
ridor y siniestro, se destaca el retrato de don Félix. Después, la luz de las candilejas se vuelve sobre la heroína
Elvira. En los 254 versos de la segunda, narra el abandono, la locura y la muerte de la enamorada. En una
extensión igual se desarrolla el cuadro dramático de
los jugadores, animado por el reto de don Diego de
Pastrana, hermano de la protagonista, a don Félix.

La cuarta parte, con su desproporcionada extensión de unos mil versos, es un cambiante poema de
la noche, el aterrador mundo de ultratumba y la
muerte. El relato cobra interés con la aparición de
la misteriosa dama y se intensifica en su persecución,
desde las calles solitarias hasta el trasmundo, en el
impresionante comitiva fúnebre, en el rápido *crescendo* de lúgubres sonidos, en la fantástica danza,
en la visión del propio entierro.

La estructura actancial tiene unas peculiares carac-
terísticas. El poeta rompe con la ordenación tradicional del modelo mítico narrativo. La infracción
de la funcionalidad de las pruebas, de la lucha y de
los opositores, puede ajustarse a este esquema:

Actante	Éxito	Ruptura contrato	Oponente vengador	Triunfo	Castigo
Don Félix	amor de Elvira	abandono de Elvira	Don Diego	le da muerte	entra en reino de la muerte

Además, Espronceda desarrolla una formulación romántica del conflicto entre la felicidad y la desdicha, entre la realidad y el sueño de una perdida felicidad inocente. Elvira vive la dicha de su amor, pero la ilusión se desvanece; seducida y abandonada, enloquece y muere. Por otra parte, Montemar es atraído a la danza de la muerte; expira, anillado por los lúbricos brazos de un horrible esqueleto.

Ruptura de la secuencia temporal

Ya veremos cómo la narración está sometida a distintas tensiones, a cambiantes procedimientos técnicos. Para Joaquín Casalduero [20], la construcción del poema obedece a una lógica sinfónica: «Las dos melodías —lírico-melancólica (femenina) y dramática (masculina)— se introducen en la primera parte, que es una obertura, teniendo como fondo el paisaje y la acción de terror.» Estas dos melodías se enlazan en la parte cuarta «contraponiéndose y su desarrollo es realzado con el paisaje y la acción del terror».

Tiene un especial interés la forma de utilizar el tiempo. Espronceda se aparta de la cronología lineal, propia de la vieja literatura, y, en un anticipo de la renovación narrativa del siglo xx, rompe con la secuencia temporal del relato.

La descripción inicial de la noche tenebrosa, poblada de fantasmas, enlaza con la cuarta parte, en la sombría calle del Ataúd, la moribunda lámpara y el encuentro con la misteriosa visión. Corresponde, por tanto, a continuación de la última escena del cuadro dramático de la tercera parte. Los dos tiempos anteriores estarían representados por el abandono, la locura y la muerte de Elvira. Precisamente esta muerte mueve a don Diego de Pastrana a retar al burlador en la sala de juego.

---

[20] *Espronceda*, Gredos. Madrid, 1961, pág. 205.

Los retratos de Félix y Elvira pertenecen crono-
lógicamente al comienzo del relato.

El cuadro dramático

La ruptura de las normas clásicas en el poema
esproncediano está acreditada por la estructura
narrativa, por la variedad métrica y por la interca-
lación del «cuadro dramático» de la parte tercera.

La presentación de los seis jugadores, afanosos
avarientos, en torno a una mesa, nos hace pensar en
la escena de *San Franco de Sena*, de Agustín Moreto,
citada por el poeta, en el popularismo de los sainetes
de Ramón de la Cruz, en el cuadro costumbrista
inicial del *Don Álvaro o la fuerza del sino* (1835).
Y es, por otro lado, un anticipo del episodio zorri-
llesco de la posada del Laurel.

El diálogo resulta veraz y realista, salpicado de
juramentos, en la primera escena; adquiere tensión
en las siguientes; pero se interrumpe con la presentación de los protagonistas. El lenguaje arrogante,
altivo, insolente, de don Félix aporta un nuevo interés, sobre todo al suscitar el antagonismo del jugador cuarto.

Pero el máximo momento conflictivo llega en
la escena cuarta, con la entrada del hermano de
Elvira, don Diego de Pastrana. Tenemos frente a
frente al héroe y al antihéroe. Don Félix había en-
trado en escena como «galán de talle gentil, la mano
izquierda apoyada en el pomo de la espada», con
aspecto varonil y «alta el ala del sombrero». Don
Diego es la «encubierta fatídica figura» del vengador;
tiene el rostro pálido, «cejijunto el ceño», torva la
mirada. Su exasperación, su prisa por lograr el reto,
frente a la fría calma de Montemar, nos recuerda la
actitud de don Alfonso de Vargas en la celda del
protagonista de *Don Álvaro o la fuerza del sino* (jornada V, escena VI).

Clímax romántico

Espronceda se esfuerza en crear un ambiente tenebroso, siniestro, para presentar a los personajes; juega con una serie de elementos decorativos románticos, con una técnica pictórica preferentemente tenebrista.

Se abre el poema en la hora fantasmal de medianoche, llena de pinceladas sombrías: «pavorosos fantasmas» danzando en las tinieblas, aullidos de perros, repicar de misteriosas campanas, silbar lúgubre del viento, entrechocar de espadas, lamentos agudos y doloridos.

La noche lóbrega del paso don Félix se transforma, al comienzo de la parte segunda, en la noche serena, coronada de luceros, claro de luna, «terso azul de los cielos». El tenebrismo romántico se cambia en preimpresionismo; una «blanca luz suave» baña el cielo y la tierra, transfigura los objetos; el arroyuelo es una «fúlgida cinta de plata» al resplandor de la luna, y brillan «argentadas chispas» entre las ramas.

Después del «cuadro dramático» de los jugadores, característica representación de la tendencia al cuadro de costumbres, el poeta nos introduce en un mundo cambiante y efectista. El clímax romántico, misterioso, sombrío y siniestro, se adensa gradualmente a través de la parte cuarta, en cuatro o cinco niveles representativos.

En primer lugar, las calles salmantinas, escenario real de todo el efectista montaje romántico. En la calle del Ataúd, lanceada por el vacilante resplandor de una lámpara, surge de las tinieblas la engañosa figura femenina. En la precipitada marcha, a través de calles y plazas, la noche de tinieblas se puebla de voces lúgubres, de los redobles del Aquilón; se convierte en un juego de «sombras de horror girando aterradoras». La realidad se transforma en visión fantástica, en un mundo sepulcral animado por una dantesca danza de espectros.

El girar de los pensamientos del protagonista se expresa en sucesivos monólogos. La agonía de don Félix crece ante la tremenda situación límite de contemplar su propio entierro. La impresionante comitiva fúnebre ha sido comparada por Fradejas Lebrero con la «Santa Compaña» del folklore gallego: procesión de almas en pena, a medianoche, que anuncian la muerte del caminante que se encuentra con ella.

Una nueva situación límite del efectismo esproncediano está representada por la danza macabra: rápido *crescendo* de lúgubres sonidos, crujir de afilados huesos, rechinamiento de dientes, separación estruendosa de las losas del pavimento, chocar de cráneos; cien espectros que se levantan, que enlazan sus manos, mueven sus secas calaveras; y, como estremecedora culminación, las «bodas macabras» de Montemar y el esqueleto de Elvira.

Esta pesadilla nos hace pensar en las miniaturas del *Libro de horas*, de Carlos V; en algunos grabados de Hans Holbein; en *El triunfo de la muerte*, de Peeter Brueghel... Pero su técnica tremendista está más próxima al dramatismo de las creaciones del Bosco.

La impresionante noche del trasmundo infernal termina con la serenidad luminosa del alba; borradas las sombras aterradoras y las quiméricas visiones, podemos asomarnos a la mañana, transparente y fría, que se fragua bajo la bóveda insondable del cielo sereno, lo mismo que Dante abandona la pesadilla infernal para respirar bajo las estrellas.

Donjuanismo y rebeldía

Félix de Montemar, carácter rectilíneo, sin la suficiente dimensión psicológica, es un ejemplo de préstamo literario de la leyenda del estudiante Lisardo, las *Soledades de la vida*, de Cristóbal Lozano, y motivos de *El burlador de Sevilla y convidado de piedra*, de Tirso; *El esclavo del demonio*, de Mira de Amescua; *El golpe en vago*, de García de Villalta.

La representación del héroe se produce bajo la advocación del mítico Don Juan:

> Segundo don Juan Tenorio,
> alma fiera e insolente,
> irreligioso y valiente,
> altanero y reñidor...

Este nuevo «homo eroticus» es protagonista en el poema de una sola aventura amorosa; pero queda clara su insaciable búsqueda de amores, en la persecución de la dama misteriosa y en las alusiones de los jugadores a su fortuna con las mujeres y a su veleidad:

> ¡Buena fama
> lograréis entre las bellas,
> cuando descubran altivas
> que vos las hacéis cautivas,
> para en seguida vendellas!

Coincide el héroe esproncediano con el Tenorio en su apostura física, en su audacia, en su cinismo. Está presente en lances amorosos y orgías. Se mofa de la mujer que corteja; abandona hoy a la que ayer se rindió. Se desliga del pasado y del futuro para vivir apasionadamente el presente:

> Goce yo el presente, disfrute yo ahora,
> y el diablo me lleve, si quiere, al morir.

También la postura irreverente y blasfema de Félix de Montemar entronca con las leyendas originarias de don Juan. El esperar la cuaresma para oír sermones se relaciona con el «cuán largo me lo fiáis» del burlador de Tirso. Pero el héroe esproncediano es, en este aspecto, un ejemplo de situación límite:

bascula entre Dios y el diablo; extrema su irreverencia ante una imagen de Cristo; no se arredra ante el aquelarre, ante la gesticulante comparsa fúnebre, ante su propio entierro.

El poeta ha pretendido crear un ejemplo de figura satánica; con frecuencia se ampara en el diablo y replica a la dama misteriosa:

> —Siento me enamora más vuestro despego,
> y si Dios se enoja, pardiez que hará mal:
> véame en vuestros brazos y máteme luego.

Por eso Espronceda une al «segundo don Juan Tenorio», de la primera parte, el «segundo Lucifer» de la última:

> Segundo Lucifer que se levanta
> del rayo vengador la frente herida,
> alma rebelde que el temor no espanta,
> hollada, sí, pero jamás vencida...

Con razón afirma Joaquín Casalduero que «en el personaje esproncediano lo específico y esencial no es el donjuanismo, sino lo satánico, la rebeldía». Rebeldía ante las leyes humanas y divinas; colérico con los jugadores; frío, desdeñoso, sarcástico con don Diego de Pastrana; temerario en su aventura nocturna, hasta amenazar con la violencia.

Indudablemente, Espronceda añade nuevos rasgos tipificadores; crea, antes de Zorrilla, un don Juan romántico, personal y efectivo, indisciplinado, pendenciero y jugador; y «su poema acaso sea el más *moderno* en la impresión que produce en el lector de hoy»[21]. Ya Juan Valera afirma, en 1854, que don Félix es más terrible que don Juan: le basta con seducir a Elvira y matar a su hermano[22].

---

21 Allison Peers: *Historia del movimiento romántico español*, Gredos, Madrid, 1954, II, pág. 360.
22 «Del romanticismo en España y de Espronceda», *Revista Española de Ambos Mundos*, 2, 1854, págs. 610-630. Incluido en *O.C.*, t. II, págs. 7-18, Madrid, Aguilar, 1961.

Otro problema es la pretendida relación con el *Don Juan*, de lord Byron. Para Valera no está tomado del escritor inglés y vale tanto como sus héroes. Tampoco Esteban Pujals cree que el héroe esproncediano deba nada a los protagonistas de los cuentos de Byron, sombríos, enamorados, a quienes supera en desenfado, elegante desenvolvimiento y pintoresca actitud.

Además de los préstamos literarios, debemos destacar que Espronceda enriquece la textura física y psicológica de don Félix de Montemar. Acumula rasgos, atributos positivos y negativos, vicios, pasiones dominantes. Su compleja etopeya forma una constelación, factible de representar con enlaces diagramáticos:

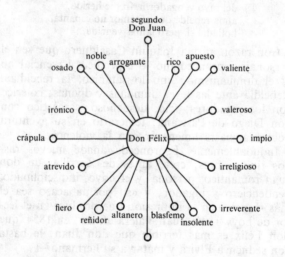

Elvira, *actante romántica*

Después de presentar a don Félix, Espronceda traza el retrato de la actante; acumula los semas caracterizadores; consigue un prototipo de mujer romántica, por sus ojos lánguidos, por su timidez e inocencia, por su irremediable abandono amoroso, por la silenciosa locura final. Podemos representar también su etopeya con esta constelación de atributos:

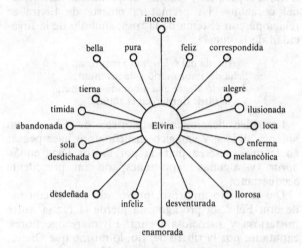

Elvira, «retrato inimitable» para Alberto Lista, es para Juan Valera una creación admirable, «una mujer que vive y ama, y la vemos vivir y amar. En ella nada hay de fantástico, sino la grandeza ideal, que debe poner el poeta en todas sus creaciones».

En realidad, a pesar de las opiniones de Lista y Valera, el retrato de Espronceda resulta convencional; nos hace pensar en otras creaciones literarias —Ofelia, Margarita, Haidée— y en las figuras femeninas de las canciones del autor.

Se nos presenta la heroína en dos situaciones de distinta fortuna: la desdicha del abandono, la inconsciencia y el desequilibrio mental presente, y la evocación del pasado feliz, confiada y ardiente, seducida por las caricias del amante.

Con la evocación del pasado feliz mezcla el poeta la dolorida experiencia del presente, y juega con dos motivos de herencia barroca: las hojas caídas y las flores marchitas. Las hojas caídas se metaforizan en ilusiones perdidas, «hojas desprendidas del árbol del corazón». La prematura muerte de Elvira se relaciona con el tema de la rosa, símbolo de la fugacidad de la vida[23]:

> Amada del señor, flor venturosa,
> llena de amor murió y de juventud:
> despertó alegre una alborada hermosa,
> y a la tarde durmió en el ataúd.

Las identificaciones metafóricas de Elvira con «blanca sílfide» y «mágico ensueño» nos hace pensar en la mujer etérea pintada por Pastor Díaz en *Su mirar*, y algunas expresiones son un precedente becqueriano.

Del conflicto amoroso, provocado por el cinismo de don Félix, la protagonista pierde la razón, sufre misteriosa y silenciosa locura. Elvira recoge flores, cantando, por la ribera del río, lo mismo que Ofelia; sufre situaciones semejantes a la Margarita de Goethe y a la Julia de lord Byron. Espronceda podía inspirarse, además, en dos ejemplos contemporáneos de locura amorosa: Laura de *La conjuración de Venecia* y Elvira de *El doncel de don Enrique el Doliente*.

La heroína esproncediana, en un momento de lucidez, escribe, con temblorosa mano, una emotiva carta de despedida, efectista, sentimental, una confesión de amor ya imposible, de abandono irremediable que conduce a la muerte. Churchman afirma que esta carta es una «apropiación literaria» de la

---

[23] El motivo aparece en la silva *A la rosa*, de Francisco de Rioja, en sonetos de Góngora, López de Zárate, Calderón, Sor Juana Inés de la Cruz, en el soneto del propio Espronceda «Fresca, lozana, pura y olorosa».

carta de Julia, en el canto I del *Don Juan*, de lord Byron. Pero, como ya ha visto Narciso Alonso Cortés, puede relacionarse con la *Epístola de Eloísa a Abelardo*, de Pope, o con las *Heroidas*, de Ovidio. Podemos considerarla, a su vez, como un precedente del trasnochado romanticismo de la carta de la misteriosa protagonista del *Tren expreso* (1872), de Campoamor.

El propio Espronceda repite la misma función cardinal de la seducción y parte de los rasgos caracterizadores en el *Canto a Teresa*, incluido en *El diablo mundo*[24].

Transgresión de los códigos tradicionales

El estudiante de Salamanca impone en la poesía española la múltiple renovación romántica, por la organización del discurso, la ruptura de la secuencia temporal, la polimetría y la riqueza connotativa. Además de la flexibilidad estructural, el poema rompe con los códigos tradicionales de comportamiento. Espronceda coincide con Larra en la defensa de la libertad literaria y de la libertad de conciencia[25].

Félix de Montemar altera, con distintas transgresiones, los *rites de passage* del hombre, estudiados por los antropólogos. Protagoniza, en primer lugar, el mito del donjuanismo; se comporta como un burlador cínico y frío que, en el presente y en el pasado, rompe con el código de la moral tradicional, bascula verticalmente a las relaciones excluidas del «campo de la naturaleza». Esta conducta representa, para el profesor

---

[24] Vid. Carlos Beceiro: Prólogo a *El estudiante de Salamanca*, Aguilar, Madrid, 1965, págs. 95-97.

[25] Larra proclama: «Libertad en literatura, como en las artes, como en la industria, como en la conciencia»: «Literatura», *El Español*, 18 de enero de 1836.

Russell Sebold[26], un «insondable abismo tan perverso y depravado, que no pudiera ser el de un mero hombre».

El enfrentamiento con el orden preestablecido se intensifica con los altivos desplantes ante el concepto del honor, con la violenta muerte de don Diego. Montemar se convierte en un hiperbólico ejemplo de rebeldía, mantenida a través del «furioso vértigo» que impulsa su mítico viaje, en las pruebas decisivas del aquelarre nocturno, lleno de resonancias wagnerianas, y en el irreversible destino final.

Pero lo singular es que Espronceda rompe con el tradicional arrepentimiento de los réprobos en el teatro español del Siglo de Oro. En su transgresión de los preceptos religiosos, el agente del poema supera la bipolarización maniqueísta del «Bien» y del «Mal»; no teme al Cielo ni al Infierno. Resalta el profesor Marrast[27] que «las manifestaciones de la ira de Dios no tienen ningún efecto en Montemar, que conserva libre su espíritu, incluso cuando le abraza el esqueleto». Sus repetidas irreverencias y blasfemias conectan con el inconformismo byroniano, con el satanismo de Béranger. Como afirma Pedro Salinas[28], esta alma rebelde «se encara con Dios en actitud de rebeldía satánica». Por eso, para Sebold[29] simboliza «la encarnación del Anticristo a lo romántico».

Todo el proceso agencial es un conflicto complejo, movido por funciones desencadenantes y transgresiones que lo conducen a un destino fatal:

---

[26] «El infernal arcano de Félix de Montemar», *Hispanic Review*, 46, 1978, 4, pág. 454.
[27] Introducción a ed. cit., pág. 38.
[28] «La rebelión contra la realidad: José de Espronceda», *La realidad y el poeta*, Barcelona, Ariel, 1976, pág. 178.
[29] Ob. cit., pág. 456.

FUNCIONES DESENCADENANTES	TRANSGRESIONES	ACCIÓN DE CASTIGO	
libertad moral	donjuanismo	fantasma femenino	
amor / seducción	salto al campo naturaleza	viaje alucinante	
violencia / altivez	muerte de don Diego	cortejo fúnebre	
escepticismo	irreverencias / blasfemias	visión propio entierro	«bodas macabras» / MUERTE de don Félix — FINAL IRREVERSIBLE
rebeldía	contra el orden establecido	abrazo del esqueleto	

Indudablemente, el poema esproncediano se relaciona con la tradición cristiana, pero su simbología y alegorismo están marcados por la clerofobia del escritor, condicionado por los dramáticos conflictos ideológicos de la España de entonces, informado por la actitud contestataria de algunos románticos europeos y por el pensamiento de escritores franceses. El profesor Stephen Vasari[30] ha señalado como fuentes de la rebeldía y la irreverencia el cuento de Honoré de Balzac, *L'Église*, y las ideas críticas y apocalípticas de Lamennais. El mismo Vasari[31] aventura la opinión de que el libre inconformismo de don Félix puede representar a la España nueva, viva y progresista, opuesta al mundo atrasado, inmovilizado, del pasado.

Nuestra edición

Seguimos en nuestro texto la edición *princeps*, publicada en Madrid por la Imprenta de Yenes, en 1840, y sobre ella hemos reconstruido algunas formas. Hemos utilizado, también, el fragmento publicado en 1837, en el *Museo Artístico y Literario*, y compulsado las ediciones de los últimos años.

---

[30] «Aspectos religioso-políticos de la ideología de Espronceda: *El estudiante de Salamanca*», *Bull. Hispanic*, LXXXII, 1-2, 1980, páginas 108-112.

[31] *Íd.*, págs. 116-127.

Bibliografía

A) EDICIONES

Poesías de D. José de Espronceda, Madrid, Impr. de Ye-
nes, 1840 (ed. *princeps* de *El estudiante de Salamanca*).
Obras poéticas de don José de Espronceda, ordenadas y
anotadas por Juan Eugenio de Hartzenbusch, París,
Baudry, 1848 (con 8 ediciones sucesivas, hasta 1879).
Obras poéticas de don José de Espronceda, París, Guarner
hermanos, 1869 (con reediciones sucesivas, hasta 1923).
El estudiante de Salamanca, Madrid, Impr. y Libr. Gas-
par, 1876 (Biblioteca Ilustrada de Gaspar y Roig).
Obras poéticas y escritos en prosa, ed. de Patricio de la
Escosura, Madrid, Eduardo Mengíbar, 1884.
Obras poéticas de Espronceda, Valladolid, Jorge Monte-
ro, 1900.
El estudiante de Salamanca and other selections, ed. de
George Tyler Northup, Boston, Ginn and Co., 1919.
El estudiante de Salamanca, ed. de E. Allison Peers, Cam-
bridge, University Press, 1922.
Obras poéticas, ed. de José Cascales Muñoz, Madrid, Ri-
vadeneyra, 1923.
Obras poéticas I: Poesías y El estudiante de Salamanca, ed. de
Moreno Villa, Madrid, La Lectura, 1923, Clásicos Cas-
tellanos, 47.
Obras poéticas completas, ed. de Juan J. Domenchina, Ma-
drid, Aguilar, 1936.
Poesías, Barcelona, Muntaner y Simón, 1941.
El estudiante de Salamanca, ilustrado con 10 gouaches,
Barcelona, Argos, 1947.
Obras completas, introducción de Jorge Campos, Bibliote-
ca de Autores Españoles, LXXII, Madrid, Rivadeney-
ra, 1954.
El estudiante de Salamanca, ed. de José Fradejas Lebrero,
Ceuta, Ed. Cremades, 1961.

El estudiante de Salamanca, ed. de Carlos Beceiro, Madrid, Aguilar, 1965.

El diablo mundo. El estudiante de Salamanca, ed. de Jaime Gil de Biedma, Madrid, Alianza Editorial, 1966.

Poesías completas, ed. de Juan Alcina Franch, Barcelona, Bruguera, 1968.

Obras poéticas, prólogo de Juana de Ontañón, México, Porrúa, 1971.

El estudiante de Salamanca. El diablo mundo, ed. de Robert Marrast, Madrid, Castalia, 1978.

El estudiante de Salamanca and other poems, ed. de Richard A. Cardwell, Londres, Tamesis, 1981.

Poesías, ed. Domingo Ynduráin, Barcelona, Bruguera, 1981.

B) ESTUDIOS

1. *Libros*

ALONSO CORTÉS, Narciso, *Espronceda, ilustraciones bibliográficas y críticas*, Valladolid, Santarén, 1942.

BRERETON, Geoffrey, *Quelques précisions sur les sources d'Espronceda*, París, Jouve, 1933.

BILLICK, David J., *José de Espronceda. An Annotated Bibliography, 1834-1980*, Nueva York/Londres, Garland Publishing, Inc., 1981.

CARDENAS, Mercedes de, *Contribución al estudio de las formas métricas en la poesía de Espronceda*, M. A. Thesis, Michigan State University, 1967.

CARNERO, Guillermo, *Espronceda*, Madrid, Júcar, 1974.

CASALDUERO, Joaquín, *Espronceda*, Madrid, Gredos, 1961; Madrid, Taurus, 1983.

CASCALES MUÑOZ, José, *La verdad sobre la vida y las obras de Espronceda*, Madrid, 1924.

DREPS, Joseph Antone, *The Metrics of José de Espronceda*, Ph. D. Diss., Univ. of Iowa, 1931.

GAUTHIER, Michel, *Espronceda et le Romantisme Brésilien* (tesina de Licenciatura), París, 1954.

GUASP, Gonzalo, *Espronceda*, Madrid, Aguilar, 1929.

MARRAST, Robert, *José de Espronceda en son temps. Littérature, politique et societé au temps du romantisme*, París, ed. Klincksieck, 1974.

MAZZEI, Pilade, *La poesía di Espronceda.*

ORTIZ ARMENGOL, Pedro, *Espronceda y los gendarmes*, Madrid, Prensa Española, 1969.

PEMÁN, *Espronceda*, Madrid, Sucesores Rivadeneyra, 1966.

PALLADY, Stephen Carl, *Irony in the Poetry of José de Espronceda*, Ph. D. Diss., Univ. of Oklahoma, 1972.

PUJALS, Esteban, *Espronceda y Lord Byron*, Madrid, Consejo Superior de Investigaciones Científicas, 1951.

RAMSDEN, Herbert, *A Stylistic Study of the Poetry of José de Espronceda...*, M. A. Thesis, Univ. of Manchester, 1953.

RODRÍGUEZ SOLÍS, Enrique, *Espronceda: su tiempo, su vida y sus obras. Ensayo histórico-biográfico*, Madrid, Imp. Fernando Cao y D. del Val, 1883.

ROMANEGHI, Egydio, *Análisis conceptual y métrico de las poesías de Espronceda*, M. A. Thesis, Lousiana, State Univ., 1955 (72 págs.).

TALENS, Jenaro, *El texto plural. Sobre el fragmentismo romántico. Una lectura simbólica de Espronceda*, Valencia, Universidad, 1975.

YNDURÁIN, Domingo, *Análisis formal de la poesía de Espronceda*, Salamanca, Taurus, 1971.

2. Trabajos de enfoque general

BADESSI, Alessandra, «Uomo vs donna nella visione letteraria ed esistenziale di José de Espronceda», *Cuadernos de Filología*, Univ. de Valencia, III, 3, 1983, páginas 33-60.

BANAL, Luisa, «Il pessimismo di Espronceda e alcuni raporti col pensiero di Leopardi», *Revista Crítica Hispano-Americana*, IV, 1918.

CHURCHMAN, Philip H., «Byron and Espronceda», *Revue Hispanique*, 20, 1909, págs. 5-210.

ESQUER TORRES, Ramón, «Presencia de Espronceda en Bécquer», *Rev. de Filología Española*, 46, 1963, páginas 329-341.

FIRZMAURICE-KELLY, James, «Espronceda», *Modern Lang. Review*, 4, 1908, págs. 20-39.

GARCÍA BLANCO, Manuel, «Espronceda o el énfasis», *Escorial*, 34, 1943, págs. 198-209.

GIES, David T., «Visión, ilusión y el sueño romántico en la poesía de Espronceda», *Cuadernos de Filología*, Universidad de Valencia, III, 3, 1983, págs. 61-84.

HÄMEL-STIER, Ángela, «Der Humor bei José de Espronceda», *Zeitschrift fur Romanische Philologie*, XLI, 1921, págs. 389-407 y 648-677.

ILIE, Paul, «Espronceda and the Romantic Grotesque», *Studies in Romanticism*, 11, 1972, págs. 94-112.

LÓPEZ-LANDEIRA, Ricardo, «La desilusión poética de Espronceda: realidad y poesía irreconciliables», *Bol. R. Academia Española*, 55, 1975, págs. 307-329.

PATTISON, Walter T., «On Espronceda's Personality», *Publ. of the Modern Lang. Ass. of Am.*, LXI, 1946, páginas 1126-45.

RHODUS, Mary Crancer, *The Influence of Béranger on Espronceda*, M. A. Thesis, Univ. of Chicago, 1920 (72 págs.).

RODRÍGUEZ, Alfred, «Unas resonancias interesantes en la poesía de Espronceda», *Homenaje a Sherman H. Eoff*, Madrid, Castalia, 1970, págs. 237-245.

ROMERO TOBAR, Leonardo, «Bibliografía de ediciones de Espronceda», *Cuadernos bibliograáficos*, Madrid, volumen, 28, 1972, págs. 162-171.

RUVINSKY, Sol, *Love in the Works of Espronceda*, M. A. Thesis, Columbia Univ., 1933 (111 págs.).

SALINAS, Pedro, «Espronceda. La rebelión contra la realidad», *Ensayos de Literatura Hispánica*, Madrid, Aguilar, 1958.

SANDLER, Julie, *Characters in the Works of Espronceda*, M. A. Thesis, Columbia Univ., 1932 (95 págs.).

SEGURA COVARSI, Enrique, «Espronceda y el Tasso», *Rev. de Literatura*, 4, 1953, págs. 399-412.

TEMPLIN, Ernest G., «The Romantic nostalgia of José de Espronceda», *Hispania* (California), XIII, 1930, 1, páginas 1-6.

3. *Bibliografía selecta sobre «El estudiante de Salamanca»*

ALLEN Jr., Rupert C., «El elemento coherente de *El estudiante de Salamanca*: la ironía», *Hispanófila*, VI, 17, 1963, páginas 105-115.

BRAY, Vickie Marie, *Form and Investigation in «El estudiante de Salamanca»*, M. A. Thesis, Univ. of South Carolina, 1973 (63 págs.).

Cook, Paula Smith, *Manner and Mood in «El estudiante de Salamanca»*, M. A. Thesis, Univ. of South Carolina, 1977.

Entrambasaguas, Joaquín de, «Ascendencia y descendencia de *El estudiante de Salamanca*», *Si* (suplemento de *Arriba*), 23 de mayo de 1942.

Foster, David W., «A note on Espronceda's Use of the Romance Meter in *El estudiante de Salamanca*», *Romance Notes*, VII, 1965, págs. 16-20.

Gallina, Anna María, «Su alcuni fonti dell' *Estudiante de Salamanca*», *Quaderni Ibero-Americani*, 45-46, 1975, páginas 231-240.

Hutman, Norma Louise, «Dos círculos en la niebla: *El estudiante de Salamanca y El Diablo Mundo*», *Papeles de Son Armadans*, XIX, CLXXV, 1970, págs. 5-29.

Marrast, Robert, Introducción a la ed. de *El estudiante de Salamanca y El Diablo Mundo*, Madrid, Castalia, 1978.

Martín-Maestro, Abraham, «Análisis narrativo de *El estudiante de Salamanca*», *Organizaciones Textuales*, Actas del III Simposio del Séminaire d'Études Littéraries, Université de Toulouse-Le-Nirail, 1980, págs. 59-66.

Paulino, José, «La organización simbólica», *Organizaciones Textuales*, Actas del III Simposio del Séminaire d'Études Littéraries, ya citado, págs. 149-158.

— «Aventura interior de D. Félix de Montemar», *Revista de Literatura*, Madrid, 88, julio-diciembre de 1982, páginas 57-68.

Peers, E. Allison, «Light-imagery in *El estudiante de Salamanca*», *Hispanic Review*, IX, 1941, págs. 199-209.

Redondo Goicoechea, Alicia, «Organización métrica de *El estudiante de Salamanca*», *Organizaciones textuales*, Actas del III Simposio, citadas, págs. 115-126.

Rees, Margaret A., *Espronceda. «El estudiante de Salamanca»*, Londres, Grant and Cutler, 1979 (guías críticas).

Ruvinsky, Sol, *Love in the works of Espronceda*, M. A. Thesis, Columbia Univ., 1933.

Sebold, Russel, «El infernal arcano de Félix de Montemar», *Hispanic Review*, XLVI, 1978, págs. 447-464.

Travieso, Roberto, *A Studie of José de Espronceda's «El estudiante de Salamanca»*, M. A. Thesis, Univ. of Texas, Austin, 1971.

Varela Jácome, Benito, «Análisis textual de los versos

1.072-1.111 de *El estudiante de Salamanca», Nuevas técnias de análisis de textos*, Madrid, ed. Bruño, 1980, páginas 281-300.

Vasari, Stephen, «Aspectos religioso-políticos de la ideología de Espronceda: *El estudiante de Salamanca», Bulletin Hispanique*, LXXXII, 1980, págs. 94-149.

Vian, Ana, «Los contenidos (ambiente y personajes) de *El estudiante de Salamanca», Organizaciones textuales*, citado, págs. 137-148.

Visedo, Isabel, «Algunos aspectos de la lengua poética de *El estudiante de Salamanca», Organizaciones textuales*, citado, págs. 127-136.

4. Selección bibliográfica sobre otras obras

Caravaca, Francisco, «Las posibles fuentes literarias de Espronceda en *El Diablo Mundo», Bol. Bibl. Menéndez Pelayo*, XLV, 1969, págs. 271-325.

Caravaglios, Beatrice, *El «Canto a Teresa» por José de Espronceda. Apuntes*, Nápoles, Instituto Napoletano di Cultura, 1933.

Casalduero, Joaquín, *Forma y visión de «El Diablo Mundo» de Espronceda*, Madrid, Insula, 1951; Madrid, Porrúa Taranzas, 1975.

Chacel, Rosa, *Teresa*, Buenos Aires, Nuevo Romance, 1941.

Gallina, Anna María, «La traiettoria dramática di Espronceda: del neoclasicismo al romanticismo», *Annali dell'Instituto Universitario Orientale*, Nápoles, VII, enero de 1965, págs. 79-99.

Labandeira Fernández, Amancio, Introducción al *Teatro Completo* de Espronceda, Madrid, Editora Nacional, 1982.

Lee Bretz, Mary, «Espronceda's *El Diablo Mundo* and Romantic Irony», *Rev. Estudios Hispánicos*, XVI, 2, 1982, págs. 257-276.

Marrast, Robert, *Espronceda. Articles et discours oublié*, París, Presses Universitaires de France, 1966.

— Introducción a *Poesías líricas y fragmentos épicos*, Madrid, Castalia, 1970.

Martinengo, Alessandro, *Poliformismo nel Diablo mundo d'Espronceda*, Turín, Univ. di Pisa, 1962.

— «Espronceda ante la leyenda fáustica», *Rev. de Literatura*, enero-junio de 1966, págs. 35-55.

ROMERO TOBAR, Leonardo, «Textos desconocidos de Espronceda», *Rev. de Literatura*, XXXII, 1967, páginas 137-146.

SEGURA COVARSI, Enrique, «Espronceda, prosista», *Rev. Estudios Extremeños*, 8, 1952, págs. 63-122.

WARDROPPER, Bruce W., «Espronceda's Canto a Teresa and the Spanish Elegiac Tradition», *Bulletin of Hispanic Studies*, XL, 1963, págs. 89-100.

El estudiante de Salamanca

D. Félix de Montemar y el entierro
(dibujo de Manuel Alcázar)

Parte primera

Sus fueros, sus bríos,
sus premáticas, su voluntad.
Quijote.—Parte primera.

Era más de media noche,
antiguas historias cuentan,
cuando en sueño y en silencio
lóbrego[1] envuelta la tierra,
los vivos muertos parecen,   5
los muertos la tumba dejan.
Era la hora en que acaso
temerosas voces suenan
informes, en que se escuchan
tácitas pisadas huecas,   10
y pavorosas fantasmas[2]
entre las densas tinieblas
vagan, y aúllan los perros
amedrentados al verlas:
En que tal vez la campana   15
de alguna arruinada iglesia
da misteriosos sonidos
de maldición y anatema,
que los sábados convoca
a las brujas a su fiesta.   20
El cielo estaba sombrío,
no vislumbraba una estrella,

---

[1] *lóbrega* en otras ediciones. Mantengo el *lóbrego* de la primera edición, concertando con «silencio».

[2] *fantasma*, lo mismo que *alma*, unas veces está empleado como femenino y otras como masculino.

silbaba lúgubre el viento,
y allá en el aire, cual negras
fantasmas, se dibujaban   25
las torres de las iglesias,
y del gótico castillo
las altísimas almenas,
donde canta o reza acaso
temeroso el centinela.   30
Todo en fin a media noche
reposaba, y tumba era
de sus dormidos vivientes
la antigua ciudad que riega
el Tormes, fecundo río,   35
nombrado de los poetas,
la famosa Salamanca,
insigne en armas y letras,
patria de ilustres varones,
noble archivo de las ciencias.   40
Súbito rumor de espadas
cruje y un ¡ay! se escuchó;
un ay moribundo, un ay
que penetra el corazón,
que hasta los tuétanos hiela   45
y da al que lo oyó temblor.
Un ¡ay! de alguno que al mundo
pronuncia el último adiós.

      El ruido
      cesó,   50
      un hombre
      pasó
      embozado,
      y el sombrero
      recatado   55
      a los ojos
      se caló.
      Se desliza
      y atraviesa

junto al muro   60
de una iglesia
y en la sombra
se perdió[3].

Una calle estrecha y alta,
la calle del Ataúd   65
cual si de negro crespón
lóbrego eterno capuz
la vistiera, siempre oscura
y de noche sin más luz
que la lámpara que alumbra   70
una imagen de Jesús,
atraviesa el embozado
la espada en la mano aún,
que lanzó vivo reflejo
al pasar frente a la cruz.   75

Cual suele la luna tras lóbrega nube
con franjas de plata bordarla en redor,
y luego si el viento la agita, la sube
disuelta a los aires en blanco vapor:

Así vaga sombra de luz y de nieblas,   80
mística y aérea dudosa visión,
ya brilla, o la esconden las densas tinieblas
cual dulce esperanza, cual vana ilusión.

La calle sombría, la noche ya entrada,
la lámpara triste ya pronta a expirar,   85
que a veces alumbra la imagen sagrada
y a veces se esconde la sombra a aumentar[4].

---

[3] Con estos versos cortos, trisílabos y tetrasílabos, consigue el
poeta la escena cinemática del paso del protagonista.
[4] Tienen un ritmo particular estos cuartetos dodecasílábicos,
con las cláusulas preferentemente dactílicas de los hemistiquic
y la terminación yámbica de los versos impares.

El vago fantasma que acaso aparece,
y acaso se acerca con rápido pie,
y acaso en las sombras tal vez desparece,   90
cual ánima en pena del hombre que fue,

al más temerario corazón de acero
recelo inspirara, pusiera pavor;
al más maldiciente feroz bandolero
el rezo a los labios trajera el temor.   95

Mas no al embozado, que aún sangre su espada
destila, el fantasma terror infundió,
y, el arma en la mano con fuerza empuñada,
osado a su encuentro despacio avanzó.

Segundo don Juan Tenorio[5],   100
alma fiera e insolente,
irreligioso y valiente,
altanero y reñidor:
    Siempre el insulto en los ojos,
en los labios la ironía,   105
nada teme y toda fía
de su espada y su valor.

Corazón gastado, mofa
de la mujer que corteja,
y, hoy despreciándola, deja   110
la que ayer se le rindió.
    Ni el porvenir temió nunca,
ni recuerda en lo pasado
la mujer que ha abandonado,
ni el dinero que perdió.   115

Ni vio el fantasma entre sueños
del que mató en desafío,

---

[5] *Nuevo don Juan de Mañara*, en el fragmento publicado en el
Museo Artístico y Literario (1837).

ni turbó jamás su brío
recelosa previsión.
　　Siempre en lances y en amores,   120
siempre en báquicas orgías,
mezcla en palabras impías
un chiste y una maldición.

　　En Salamanca famoso
por su vida y buen talante,   125
al atrevido estudiante
le señalan entre mil;
　　fuero le da su osadía,
le disculpa su riqueza,
su generosa nobleza,   130
su hermosura varonil.

　　Que en su arrogancia y sus vicios,
caballeresca apostura,
agilidad y bravura
ninguno alcanza a igualar: 135
　　Que hasta en sus crímenes mismos,
en su impiedad y altiveza,
pone un sello de grandeza
don Félix de Montemar.

　　Bella y más segura que el azul del cielo   140
con dulces ojos lánguidos y hermosos,
donde acaso el amor brilló entre el velo
del pudor que los cubre candorosos;
tímida estrella que refleja al suelo
rayos de luz brillantes y dudosos,   145
ángel puro de amor que amor inspira,
fue la inocente y desdichada Elvira.

　　Elvira, amor del estudiante un día,
tierna y feliz y de su amante ufana,
cuando al placer su corazón se abría,   150
como el rayo del sol rosa temprana;

del fingido amador que la[6] mentía[7],
la miel falaz que de sus labios mana
bebe en su ardiente sed, el pecho ajeno
de que oculto en la miel hierve el veneno.   155

Que no descansa de su madre en brazos
más descuidado el candoroso infante,
que ella en los falsos lisonjeros lazos
que teje astuto el seductor amante:
Dulces caricias, lánguidos abrazos,   160
placeres ¡ay! que duran un instante,
que habrán de ser eternos imagina
la triste Elvira en su ilusión divina.

Que el alma virgen que halagó un encanto
con nacarado sueño en su pureza,   165
todo lo juzga verdadero y santo,
presta a todo virtud, presta belleza.
Del cielo azul al tachonado manto,
del sol radiante a la inmortal riqueza,
al aire, al campo, a las fragantes flores,   170
ella añade esplendor, vida y colores.

Cifró en don Félix la infeliz doncella
toda su dicha, de su amor perdida;
fueron sus ojos a los ojos de ella
astros de gloria, manantial de vida.   175
Cuando sus labios con sus labios sella
cuando su voz escucha embebida,
embriagada del dios que la enamora,
dulce le mira, extática le adora.

---

6 · Claro ejemplo de laísmo, *la* en lugar de *le*.
7 Restituyo el *amador* de la edición príncipe, frente a «amor»
de las posteriores, por razones métricas, ya que «del fingido amor
que la mentía» resulta decasílabo.

Parte segunda

...Except the hollow sea's,
Mourns o' er the beauty of the Cyclades.
BYRON.—*Don Juan*, canto 4. LXXII.

Está la noche serena   180
de luceros coronada,
terso el azul de los cielos
como transparente gasa.

Melancólica la luna
va trasmontando la espalda   185
del otero: su alba frente
tímida apenas levanta,

y el horizonte ilumina,
pura virgen solitaria,
y en su blanca luz süave   190
el cielo y la tierra baña.

Deslízase el arroyuelo,
fúlgida cinta de plata
al resplandor de la luna,
entre franjas de esmeraldas.   195

Argentadas chispas brillan
entre las espesas ramas,
y en el seno de las flores
tal vez se [8] aduermen las auras.

---

8   En otras ediciones: «tal vez aduermen las auras».

Tal vez despiertas susurran,
y al desplegarse sus alas,
mecen el blanco azahar,
mueven la aromosa acacia,

y agitan ramas y flores
y en perfumes se enbalsaman:
Tal era pura esta noche,
como aquella en que sus alas

los ángeles desplegaron
sobre la primera llama
que amor encendió en el mundo,
del Edén en la morada.

¡Una mujer! ¿Es acaso
blanca silfa[9] solitaria,
que entre el rayo de la luna
tal vez misteriosa vaga?

Blanco es su vestido, ondea
suelto el cabello a la espalda.
Hoja tras hoja las flores
que lleva en su mano, arranca.

Es su paso incierto y tardo,
inquietas son sus miradas,
mágico ensueño parece
que halaga engañoso el alma.

Ora, vedla, mira al cielo,
ora suspira, y se para:
Una lágrima sus ojos
brotan acaso y abrasa

su mejilla; es una ola
del mar que en fiera borrasca

200

205

210

215

220

225

---

9   Sílfide, ninfa del aire.

Y en medio de su dulce desvarío
triste recuerdo el alma le importuna   320
y al margen va del argentado río,
y allí las flores echa de una en una [12];

y las sigue su vista en la corriente,
una tras otras rápidas pasar,
y confusos sus ojos y su mente   325
se siente con sus lágrimas ahogar:

Y de amor canta, y en su tierna queja
entona melancólica canción,
canción que el alma desgarrada deja,
lamento ¡ay! que llaga el corazón.   330

¿Qué me valen tu calma y tu terneza,
tranquila noche, solitaria luna,
si no calmáis del hado la crudeza,
ni me dais esperanza de fortuna?

¿Qué me valen la gracia y la belleza,   335
y amar como jamás amó ninguna,
si la pasión que el alma me devora,
la desconoce aquel que me enamora?

Lágrimas interrumpen su lamento,
inclinan sobre el pecho su semblante,   340
y de ella en derredor susurra el viento
sus últimas palabras, sollozante.

. . . .
. . . .
. . . .
. . . .

---

[12] Hay una indudable resonancia del fatal desvarío de Ofelia, en el *Hamlet*, de Shakespeare.

el viento de las pasiones   230
ha alborotado en su alma.

Tal vez se sienta, tal vez
azorada se levanta;
el jardín recorre ansiosa,
tal vez a escuchar se para.   235

Es el susurro del viento
es el murmullo del agua,
no es su voz, no es el sonido
melancólico del arpa [10].

Son ilusiones que fueron: 240
Recuerdos ¡ay! que te engañan,
sombras del bien que pasó...
Ya te olvidó el que tú amas.

Esa noche y esa luna
las mismas son que miraran   245
indiferentes tu dicha,
cual ora ven tu desgracia.

¡Ah! llora sí, ¡pobre Elvira!
¡Triste amante abandonada!
Esas hojas de esas flores   250
que distraída tú arrancas,

¿sabes adónde, infeliz,
el viento las arrebata?
Donde fueron tus amores,
tu ilusión y tu esperanza;   255

deshojadas y marchitas,
¡pobres flores de tu alma!

---

[10] Descubrimos en los últimos versos algunas expresiones pre-becquerianas; y encontramos, además, a través del romance de esta segunda parte, un ejemplo de mujer etérea, tan frecuente en el Romanticismo.

Blanca nube de la aurora,
teñida de ópalo y grana,
naciente luz te colora,   260
refulgente precursora
de la cándida mañana.

Mas ¡ay! que se disipó
tu pureza virginal,
tu encanto el aire llevó   265
cual la aventura ideal
que el amor te prometió.

Hojas del árbol caídas
juguetes del viento son:
Las ilusiones perdidas   270
¡ay! son hojas desprendidas
del árbol del corazón [11].

¡El corazón sin amor!
Triste páramo cubierto
con la lava del dolor,   275
oscuro inmenso desierto
donde no nace una flor!

Distante un bosque sombrío,
el sol cayendo en la mar,
en la playa un aduar,   280
y a los lejos un navío
viento en popa navegar;

óptico vidrio presenta
en fantástica ilusión,
y al ojo encantado ostenta   285
gratas visiones, que aumenta
rica la imaginación.

---

[11] Tiene esta quintilla el aire de una reflexiva canción popular.
El motivo de las «hojas del árbol caídas» tiene una larga tradición literaria, desde la poesía griega hasta el siglo xx.

Tú eres, mujer, un fanal
transparente de hermosura:
¡Ay de ti! si por tu mal
rompe el hombre en su locura
tu misterioso cristal.

Mas ¡ay! dichosa tú, Elvira,
en tu misma desventura,
que aun deleites te procura,   29
cuando tu pecho suspira,
tu misteriosa locura:

Que es la razón un tormento,
y vale más delirar
sin juicio, que el sentimiento   300
cuerdamente analizar,
fijo en él el pensamiento.

Vedla, allí va que sueña en su locura,
presente el bien que para siempre huyó.
Dulces palabras con amor murmura: 305
Piensa que escucha al pérfido que amó.

Vedla, postrada su piedad implora
cual si presente la mirara allí:
Vedla, que sola se contempla y llora,
miradla delirante sonreír.   310

Y su frente en revuelto remolino
ha enturbiado su loco pensamiento,
como nublo que en negro torbellino
encubre el cielo y amontona el viento

Y vedla cuidadosa escoger flores,
y las lleva mezcladas en la falda,
y, corona nupcial de sus amores,
se entretiene en tejer una guirnalda.

Murió de amor la desdichada Elvira,
cándida rosa que agostó el dolor,
süave aroma que el viajero aspira   345
y en sus alas el aura arrebató.

Vaso de bendición, ricos colores
reflejó en su cristal la luz del día,
mas la tierra empañó sus resplandores,
y el hombre lo rompió con mano impía.   350

Una ilusión acarició su mente:
Alma celeste para amar nacida,
era el amor de su vivir la fuente,
estaba junto a su ilusión su vida[13].

Amada del Señor, flor venturosa,   355
llena de amor murió y de juventud:
Despertó alegre una alborada hermosa,
y a la tarde durmió en el ataúd.

Mas despertó también de su locura
al término postrero de su vida,   360
y al abrirse a sus pies la sepultura,
volvió a su mente la razón perdida.

¡La razón fría! ¡La verdad amarga!
¡El bien pasado y el dolor presente!...
¡Ella feliz! ¡que de tan dura carga   365
sintió el peso al morir únicamente!

Y conociendo ya su fin cercano,
su mejilla una lágrima abrasó;
y así al infiel con temblorosa mano,
moribunda su víctima escribió: 370

---

[13] Elvira, tierna, dulce, destinada a amar y sufrir, está en la
misma línea de las protagonistas de las imitaciones de Ossian; es
para Brereton hermana de Malvina, de la hija del Apóstata, de la
mujer entrevista en *La vuelta del cruzado*.

«Voy a morir: perdona si mi acento
vuela importuno a molestar tu oído:
Él es, don Félix, el postrer lamento
de la mujer que tanto te ha querido.
La mano helada de la muerte siento...   375
Adiós: ni amor ni compasión te pido...
Oye y perdona si al dejar el mundo,
arranca un ¡ay! su angustia al moribundo.

»¡Ah! para siempre adiós. Por ti mi vida
dichosa un tiempo resbalar sentí,   380
y la palabra de tu boca oída,
éxtasis celestial fue para mí.
Mi mente aún goza la ilusión querida[14]
que para siempre ¡mísera! perdí...
¡Ya todo huyó, desapareció contigo!   385
¡Dulces horas de amor, yo las bendigo!

»Yo las bendigo, sí, felices horas,
presentes siempre en la memoria mía,
imágenes de amor encantadoras,
que aún vienen a halagarme en mi agonía.   390
Mas ¡ay! volad, huid, engañadoras
sombras, por siempre; mi postrero día
ha llegado: perdón, perdón, ¡Dios mío!,
si aún gozo en recordar mi desvarío.

»Y tú, don Félix, si te causa enojos   395
que te recuerde yo mi desventura;
piensa están hartos de llorar mis ojos
lágrimas silenciosas de amargura,
y hoy, al tragar la tumba mis despojos,
concede este consuelo a mi tristura;   400
estos renglones compasivo mira;
y olvida luego para siempre a Elvira.

---

14 «aun goza de la ilusión perdida», en la edición príncipe.

72

»Y jamás turbe mi infeliz memoria
con amargos recuerdos tus placeres;
goces te dé el vivir, triunfos la gloria,   405
dichas el mundo, amor otras mujeres:
Y si tal vez mi lamentable historia
a tu memoria con dolor trajeres,
llórame, sí; pero palpite exento
tu pecho de roedor remordimiento.   410

»Adiós por siempre, adiós: un breve instante
siento de vida, y en mi pecho el fuego
aún arde de mi amor; mi vista errante
vaga desvanecida... ¡calma luego,
oh muerte, mi inquietud!... ¡Sola... expirante!...   415
Ámame: no, perdona: ¡inútil ruego!
¡Adiós! ¡adiós! ¡tu corazón perdí!
—¡Todo acabó en el mundo para mí!»

Así escribió su triste despedida
momentos antes de morir, y al pecho   420
se estrechó de su madre dolorida,
que en tanto inunda en lágrimas su lecho.

Y exhaló luego su postrer aliento,
y a su madre sus brazos se apretaron
con nervioso y convulso movimiento,   425
y sus labios un nombre murmuraron.

Y huyó su alma a la mansión dichosa,
do los ángeles moran... Tristes flores
brota la tierra en torno de su losa,
el céfiro lamenta sus amores.   430

Sobre ella un sauce su ramaje inclina,
sombra le presta en lánguido desmayo,
y allá en la tarde, cuando el sol declina,
baña su tumba en paz su último rayo...

Parte tercera

CUADRO DRAMÁTICO
Sarg. ¿Tenéis más que parar?
Franco.   Paro los ojos.
. . . .
Los ojos sí, los ojos: que descreo
Del que los hizo para tal empleo.
MORETO. *San Francisco de Sena.*

PERSONAS

D. FÉLIX DE MONTEMAR
D. DIEGO DE PASTRANA
SEIS JUGADORES

En derredor de una mesa   435
hasta seis hombre están,
fija la vista en los naipes,
mientras juegan al parar;

y en sus semblantes se pintan
el despecho y el afán: 440
Por perder desesperados,
avarientos por ganar.

Reina profundo silencio,
sin que lo rompa jamás
otro ruido que el del oro,   445
o una voz para jurar.

74

Pálida lámpara alumbra
con trémula claridad,
negras de humo las paredes
de aquella estancia infernal.   450

Y el misterioso bramido
se escucha del huracán,
que azota los vidrios frágiles
con sus alas al pasar.

ESCENA I

JUGADOR PRIMERO

El caballo aún no ha salido.   455

JUGADOR SEGUNDO

¿Qué carta vino?

JUGADOR PRIMERO

La sota.

JUGADOR SEGUNDO

Pues por poco se alborota.

JUGADOR PRIMERO

Un caudal llevo perdido:
¡Voto a Cristo!

JUGADOR SEGUNDO

           No juréis,
que aún no estáis en la agonía.

JUGADOR PRIMERO

No hay suerte como la mía.

JUGADOR SEGUNDO

¿Y como cuánto perdéis?

JUGADOR PRIMERO

Mil escudos y el dinero
que don Félix me entregó.

JUGADOR SEGUNDO

¿Dónde anda?

JUGADOR PRIMERO

¡Qué sé yo!   465
No tardará.

JUGADOR TERCERO

Envido.

JUGADOR PRIMERO

Quiero.

ESCENA II

Galán de talle gentil,
la mano izquierda apoyada
en el pomo de la espada,
y el aspecto varonil: 470

Alta el ala del sombrero
porque descubra la frente,
con airoso continente
entró luego un caballero.

el viento de las pasiones 230
ha alborotado en su alma.

Tal vez se sienta, tal vez
azorada se levanta;
el jardín recorre ansiosa,
tal vez a escuchar se para. 235

Es el susurro del viento
es el murmullo del agua,
no es su voz, no es el sonido
melancólico del arpa[10].

Son ilusiones que fueron: 240
Recuerdos ¡ay! que te engañan,
sombras del bien que pasó...
Ya te olvidó el que tú amas.

Esa noche y esa luna
las mismas son que miraran 245
indiferentes tu dicha,
cual ora ven tu desgracia.

¡Ah! llora sí, ¡pobre Elvira!
¡Triste amante abandonada!
Esas hojas de esas flores 250
que distraída tú arrancas,

¿sabes adónde, infeliz,
el viento las arrebata?
Donde fueron tus amores,
tu ilusión y tu esperanza; 255

deshojadas y marchitas,
¡pobres flores de tu alma!

---

[10] Descubrimos en los últimos versos algunas expresiones pre-
becquerianas; y encontramos, además, a través del romance de
esta segunda parte, un ejemplo de mujer etérea, tan frecuente en
el Romanticismo.

Blanca nube de la aurora,
teñida de ópalo y grana,
naciente luz te colora,   260
refulgente precursora
de la cándida mañana.

Mas ¡ay! que se disipó
tu pureza virginal,
tu encanto el aire llevó   265
cual la aventura ideal
que el amor te prometió.

Hojas del árbol caídas
juguetes del viento son:
Las ilusiones perdidas   270
¡ay! son hojas desprendidas
del árbol del corazón[11].

¡El corazón sin amor!
Triste páramo cubierto
con la lava del dolor,   275
oscuro inmenso desierto
donde no nace una flor!

Distante un bosque sombrío,
el sol cayendo en la mar,
en la playa un aduar,   280
y a los lejos un navío
viento en popa navegar;

óptico vidrio presenta
en fantástica ilusión,
y al ojo encantado ostenta   285
gratas visiones, que aumenta
rica la imaginación.

---

[11] Tiene esta quintilla el aire de una reflexiva canción popular.
El motivo de las «hojas del árbol caídas» tiene una larga tradición literaria, desde la poesía griega hasta el siglo XX.

Tú eres, mujer, un fanal
transparente de hermosura:
¡Ay de ti! si por tu mal   290
rompe el hombre en su locura
tu misterioso cristal.

Mas ¡ay! dichosa tú, Elvira,
en tu misma desventura,
que aun deleites te procura,   295
cuando tu pecho suspira,
tu misteriosa locura:

Que es la razón un tormento,
y vale más delirar
sin juicio, que el sentimiento   300
cuerdamente analizar,
fijo en él el pensamiento.

Vedla, allí va que sueña en su locura,
presente el bien que para siempre huyó.
Dulces palabras con amor murmura: 305
Piensa que escucha al pérfido que amó.

Vedla, postrada su piedad implora
cual si presente la mirara allí:
Vedla, que sola se contempla y llora,
miradla delirante sonreír.   310

Y su frente en revuelto remolino
ha enturbiado su loco pensamiento,
como nublo que en negro torbellino
encubre el cielo y amontona el viento

Y vedla cuidadosa escoger flores,   315
y las lleva mezcladas en la falda,
y, corona nupcial de sus amores,
se entretiene en tejer una guirnalda.

Y en medio de su dulce desvarío
triste recuerdo el alma le importuna   320
y al margen va del argentado río,
y allí las flores echa de una en una[12];

y las sigue su vista en la corriente,
una tras otras rápidas pasar,
y confusos sus ojos y su mente   325
se siente con sus lágrimas ahogar:

Y de amor canta, y en su tierna queja
entona melancólica canción,
canción que el alma desgarrada deja,
lamento ¡ay! que llaga el corazón.   330

¿Qué me valen tu calma y tu terneza,
tranquila noche, solitaria luna,
si no calmáis del hado la crudeza,
ni me dais esperanza de fortuna?

¿Qué me valen la gracia y la belleza,   335
y amar como jamás amó ninguna,
si la pasión que el alma me devora,
la desconoce aquel que me enamora?

Lágrimas interrumpen su lamento,
inclinan sobre el pecho su semblante,   340
y de ella en derredor susurra el viento
sus últimas palabras, sollozante.

. . . .
. . . .
. . . .
. . . .

---

[12] Hay una indudable resonancia del fatal desvarío de Ofelia,
en el *Hamlet*, de Shakespeare.

Murió de amor la desdichada Elvira,
cándida rosa que agostó el dolor,
süave aroma que el viajero aspira   345
y en sus alas el aura arrebató.

Vaso de bendición, ricos colores
reflejó en su cristal la luz del día,
mas la tierra empañó sus resplandores,
y el hombre lo rompió con mano impía.   350

Una ilusión acarició su mente:
Alma celeste para amar nacida,
era el amor de su vivir la fuente,
estaba junto a su ilusión su vida[13].

Amada del Señor, flor venturosa,   355
llena de amor murió y de juventud:
Despertó alegre una alborada hermosa,
y a la tarde durmió en el ataúd.

Mas despertó también de su locura
al término postrero de su vida,   360
y al abrirse a sus pies la sepultura,
volvió a su mente la razón perdida.

¡La razón fría! ¡La verdad amarga!
¡El bien pasado y el dolor presente!...
¡Ella feliz! ¡que de tan dura carga   365
sintió el peso al morir únicamente!

Y conociendo ya su fin cercano,
su mejilla una lágrima abrasó;
y así al infiel con temblorosa mano,
moribunda su víctima escribió: 370

---

[13]   Elvira, tierna, dulce, destinada a amar y sufrir, está en la
misma línea de las protagonistas de las imitaciones de Ossian; es
para Brereton hermana de Malvina, de la hija del Apóstata, de la
mujer entrevista en *La vuelta del cruzado*.

«Voy a morir: perdona si mi acento
vuela importuno a molestar tu oído:
Él es, don Félix, el postrer lamento
de la mujer que tanto te ha querido.
La mano helada de la muerte siento...   375
Adiós: ni amor ni compasión te pido...
Oye y perdona si al dejar el mundo,
arranca un ¡ay! su angustia al moribundo.

»¡Ah! para siempre adiós. Por ti mi vida
dichosa un tiempo resbalar sentí,   380
y la palabra de tu boca oída,
éxtasis celestial fue para mí.
Mi mente aún goza la ilusión querida[14]
que para siempre ¡mísera! perdí...
¡Ya todo huyó, desapareció contigo!   385
¡Dulces horas de amor, yo las bendigo!

»Yo las bendigo, sí, felices horas,
presentes siempre en la memoria mía,
imágenes de amor encantadoras,
que aún vienen a halagarme en mi agonía.   390
Mas ¡ay! volad, huid, engañadoras
sombras, por siempre; mi postrero día
ha llegado: perdón, perdón, ¡Dios mío!,
si aún gozo en recordar mi desvarío.

»Y tú, don Félix, si te causa enojos   395
que te recuerde yo mi desventura;
piensa están hartos de llorar mis ojos
lágrimas silenciosas de amargura,
y hoy, al tragar la tumba mis despojos,
concede este consuelo a mi tristura;   400
estos renglones compasivo mira;
y olvida luego para siempre a Elvira.

---

[14] «aun goza de la ilusión perdida», en la edición príncipe.

72

»Y jamás turbe mi infeliz memoria
con amargos recuerdos tus placeres;
goces te dé el vivir, triunfos la gloria,   405
dichas el mundo, amor otras mujeres:
Y si tal vez mi lamentable historia
a tu memoria con dolor trajeres,
llórame, sí; pero palpite exento
tu pecho de roedor remordimiento.   410

»Adiós por siempre, adiós: un breve instante
siento de vida, y en mi pecho el fuego
aún arde de mi amor; mi vista errante
vaga desvanecida... ¡calma luego,
oh muerte, mi inquietud!... ¡Sola... expirante!...   415
Ámame: no, perdona: ¡inútil ruego!
¡Adiós! ¡adiós! ¡tu corazón perdí!
—¡Todo acabó en el mundo para mí!»

Así escribió su triste despedida
momentos antes de morir, y al pecho   420
se estrechó de su madre dolorida,
que en tanto inunda en lágrimas su lecho.

Y exhaló luego su postrer aliento,
y a su madre sus brazos se apretaron
con nervioso y convulso movimiento,   425
y sus labios un nombre murmuraron.

Y huyó su alma a la mansión dichosa,
do los ángeles moran... Tristes flores
brota la tierra en torno de su losa,
el céfiro lamenta sus amores.   430

Sobre ella un sauce su ramaje inclina,
sombra le presta en lánguido desmayo,
y allá en la tarde, cuando el sol declina,
baña su tumba en paz su último rayo...

73

Parte tercera

CUADRO DRAMÁTICO
Sarg. ¿Tenéis más que parar?
Franco.   Paro los ojos.
. . . .
Los ojos sí, los ojos: que descreo
Del que los hizo para tal empleo.
MORETO. *San Francisco de Sena.*

PERSONAS

D. FÉLIX DE MONTEMAR
D. DIEGO DE PASTRANA
SEIS JUGADORES

En derredor de una mesa   435
hasta seis hombre están,
fija la vista en los naipes,
mientras juegan al parar;

y en sus semblantes se pintan
el despecho y el afán: 440
Por perder desesperados,
avarientos por ganar.

Reina profundo silencio,
sin que lo rompa jamás
otro ruido que el del oro,   445
o una voz para jurar.

Pálida lámpara alumbra
con trémula claridad,
negras de humo las paredes
de aquella estancia infernal.   450

Y el misterioso bramido
se escucha del huracán,
que azota los vidrios frágiles
con sus alas al pasar.

ESCENA I

JUGADOR PRIMERO

El caballo aún no ha salido.   455

JUGADOR SEGUNDO

¿Qué carta vino?

JUGADOR PRIMERO

La sota.

JUGADOR SEGUNDO

Pues por poco se alborota.

JUGADOR PRIMERO

Un caudal llevo perdido:
¡Voto a Cristo!

JUGADOR SEGUNDO

No juréis,
que aún no estáis en la agonía.

JUGADOR PRIMERO

No hay suerte como la mía.

JUGADOR SEGUNDO

¿Y como cuánto perdéis?

JUGADOR PRIMERO

Mil escudos y el dinero
que don Félix me entregó.

JUGADOR SEGUNDO

¿Dónde anda?

JUGADOR PRIMERO

    ¡Qué sé yo!   465
No tardará.

JUGADOR TERCERO

   Envido.

JUGADOR PRIMERO

   Quiero.

ESCENA II

Galán de talle gentil,
la mano izquierda apoyada
en el pomo de la espada,
y el aspecto varonil: 470

Alta el ala del sombrero
porque descubra la frente,
con airoso continente
entró luego un caballero.

JUGADOR PRIMERO

(Al que entra.)

Don Félix, a buena hora   475
habéis llegado.

D. FÉLIX

¿Perdisteis?

JUGADOR PRIMERO

El dinero que me disteis
y esta bolsa pecadora.

JUGADOR SEGUNDO

Don Félix de Montemar
debe perder. El amor   480
le negara su favor
cuando le viera ganar.

D. FÉLIX *(Con desdén.)*

Necesito ahora dinero
y estoy hastiado de amores.

(Al corro, con altivez.)

Dos mil ducados, señores,   485
por esta cadena quiero.

(Quitase una cadena que lleva al pecho.)

JUGADOR TERCERO

Alta ponéis la tarifa.

D. FÉLIX *(Con altivez.)*

La pongo en lo que merece.
Si otra duda se os ofrece,
decid.

(Al corro.)

Se vende y se rifa.   490

JUGADOR CUARTO *(Aparte.)*

¿Y hay quién sufra tal afrenta?

D. FÉLIX

Entre cinco están hallados.
A cuatrocientos ducados
os toca, según mi cuenta.
Al as de oros. Allá va.   495

*(Va echando cartas, que toman los jugadores en
silencio.)*

Uno, dos...

(Al perdidoso.)

Con vos no cuento.

JUGADOR PRIMERO

Por el motivo lo siento.

JUGADOR TERCERO

¡El as! ¡El as! Aquí está.

JUGADOR PRIMERO

Ya ganó.

D. FÉLIX

Suerte tenéis.
A un solo golpe de dados   500
tiro los dos mil ducados.

JUGADOR TERCERO

¿En un golpe?

JUGADOR PRIMERO *(A D. Félix.)*

Los perdéis.

D. FÉLIX

Perdida tengo yo el alma,
y no me importa un ardite.

JUGADOR TERCERO

Tirad.

D. FÉLIX

Al primer embite.   505

JUGADOR TERCERO

Tirad pronto.

D. FÉLIX

Tened calma:
Que os juego más todavía,
y en cien onzas hago el trato,
y os lleváis este retrato
con marco de pedrería.   510

JUGADOR TERCERO

¿En cien onzas?

D. FÉLIX

¿Qué dudáis?

JUGADOR PRIMERO *(Tomando el retrato.)*

¡Hermosa mujer!

JUGADOR CUARTO

No es caro:

D. FÉLIX

¿Queréis pararlas?

JUGADOR TERCERO

Las paro.
Más ganaré.

D. FÉLIX

Si ganáis *(Se registra todo.)*
No tengo otra joya aquí.   515

JUGADOR PRIMERO *(Mirando el retrato.)*

Si esta imagen respira...

D. FÉLIX

A estar aquí la jugara
a ella, al retrato y a mí.

JUGADOR TERCERO

Vengan los dados.

D. FÉLIX

Tirad.

JUGADOR SEGUNDO

Por don Félix, cien ducados.   520

JUGADOR CUARTO

En contra van apostados.

JUGADOR QUINTO

Cincuenta más. Esperad,
no tiréis.

JUGADOR SEGUNDO

Van los cincuenta.

JUGADOR PRIMERO

Yo, sin blanca, a Dios le ruego
por don Félix.

JUGADOR QUINTO

Hecho el juego.   525

JUGADOR TERCERO

¿Tiro?

D. FÉLIX

Tirad con sesenta
de a caballo.
*(Todos se agrupan con ansiedad alrededor de la mesa.
El tercer jugador tira los dados.)*

JUGADOR CUARTO

¿Qué ha salido?

JUGADOR SEGUNDO

¡Mil demonios, que a los dos
nos lleven!

D. FÉLIX *(Con calma al* PRIMERO.)

¡Bien, vive Dios!
Vuestros ruegos me han valido   530
encomendadme otra vez,
don Juan, al diablo; no sea
que si os oye Dios, me vea
cautivo y esclavo en Fez.

JUGADOR TERCERO

Don Félix, habéis perdido   535
sólo el marco, no el retrato,
que entrar la dama en el trato
vuestra intención no habrá sido.

D. FÉLIX

¿Cuánto dierais por la dama?

JUGADOR TERCERO

Yo, la vida.

D. FÉLIX

No la quiero.   540
Mirad si me dais dinero,
y os la lleváis.

¡Buena fama
lograréis entre las bellas
cuando descubran altivas,
que vos las hacéis cautivas,   545
para en seguida vendellas!

D. FÉLIX

Eso a vos no importa nada.
¿Queréis la dama? Os la vendo.

JUGADOR TERCERO

Yo de pinturas no entiendo.

D. FÉLIX *(Con cólera.)*

Vos habláis con demasiada   550
altivez e irreverencia
de una mujer... ¡y si no!...

JUGADOR TERCERO

De la pintura hablé yo.

TODOS

Vamos, paz; no haya pendencia.

D. FÉLIX *(Sosegado.)*

Sobre mi palabra os juego   555
mil escudos.

JUGADOR TERCERO

Van tirados.

A otra suerte de esos dados;
y al diablo les prenda fuego.

ESCENA III

Pálido el rostro, cejijunto el ceño,
y torva la mirada, aunque afligida,   560
y en ella un firme y decidido empeño
de dar la muerte o de perder la vida,
  un hombre entró embozado hasta los ojos,
sobre las juntas cejas el sombrero:
Víbrale el rostro al corazón enojos,   565
el paso firme, el ánimo altanero.
  Encubierta fatídica figura.—
sed de sangre su espíritu secó,
emponzoñó su alma la amargura,
la venganza irritó su corazón.   570
  Junto a don Félix llega— y desatento
no habla a ninguno, ni aun la frente inclina;
y en pie delante de él y el ojo atento,
con iracundo rostro le examina.
  Miró también don Félix al sombrío   575
huésped que en él los ojos enclavó,
y con sarcasmo desdeñoso y frío
fijos en él los suyos, sonrió.

D. FÉLIX

Buen hombre, ¿de qué tapiz
se ha escapado, —el que se tapa—   580
que entre el sombrero y la capa
se os ve apenas la nariz?

84

Bien, don Félix, cuadra en vos
esa insolencia importuna.

D. FÉLIX

(Al TERCER JUGADOR *sin hacer caso de* D. DIEGO.)

Perdisteis.

JUGADOR TERCERO

Sí. La fortuna   585
se trocó: tiro y van dos.

(Vuelve a tirar.)

D. FÉLIX

Gané otra vez.
(Al embozado.) No he entendido
qué dijisteis, ni hice aprecio
de si hablasteis blando o recio
cuando me habéis respondido.   590

D. DIEGO

A solas hablar querría.

D. FÉLIX

Podéis, si os place, empezar,
que por vos no he de dejar
tan honrosa compañía.
Y si Dios aquí os envía   595
para hacer mi conversión,
no despreciéis la ocasión

85

de convertir tanta gente,
   mientras que yo humildemente
aguardo mi absolución.   600

        D. DIEGO *(Desembozándose con ira.)*

Don Félix, ¿no conocéis
a don Diego de Pastrana?

        D. FÉLIX

A vos no, mas sí a una hermana
que imagino que tenéis.

        D. DIEGO

¿Y no sabéis que murió?   605

        D. FÉLIX

Téngala Dios en su gloria.

        D. DIEGO

Pienso que sabéis su historia,
y quién fue quien la mató.

        D. FÉLIX *(Con sarcasmo.)*

¡Quizá alguna calentura!

        D. DIEGO

¡Mentís vos!

    Calma, don Diego,   610
que si vos os morís luego,
es tanta mi desventura,
    que aún me lo habrán de achacar,
y es en vano ese despecho,
si se murió, a lo hecho, pecho,   615
ya no ha de resucitar.

D. DIEGO

    Os estoy mirando y dudo
si habré de manchar mi espada
con esa sangre malvada,
o echaros al cuello un nudo   620
    con mis manos, y con mengua[15],
en vez de desafiaros,
el corazón arrancaros
y patearos la lengua.
    Que un alma, una vida, es   625
satisfacción muy ligera,
y os diera mil si pudiera
y os las quitara después.
    Juego a mi labio han de dar
abiertas todas tus venas,   630
que toda su sangre apenas
basta mi sed a calmar.
    ¡Villano![16]
(Tira de la espada; todos los jugadores se interponen.)

TODOS

    Fuera de aquí
a armar quimera.

---

[15] *con mengua*, «con deshonra»; *por mengua*, en la primera edición.
[16] La actitud vengadora de don Diego nos recuerda la de don Alfonso en la escena VI de la jornada V de *Don Álvaro o la fuerza del sino*.

D. FÉLIX *(Con calma, levantándose.)*

Tened,
don Diego, la espada, y ved   635
que estoy yo muy sobre mí,
   y que me contengo mucho,
no sé por qué, pues tan frío
en mi colérico brío
vuestras injurias escucho.   640

D. DIEGO

(Con furor reconcentrado y con la espada desnuda.)

Salid de aquí; que a fe mía,
que estoy resuelto a mataros,
y no alcanzara a libraros
la misma virgen María.
   Y es tan cierta mi intención,   645
tan resuelta está mi alma,
que hasta mi cólera calma
mi firme resolución.
   Venid conmigo.

D. FÉLIX

Allá voy;
pero si os mato, don Diego,   650
que no me venga otro luego
a pedirme cuenta. Soy
   con vos al punto. Esperad
cuente el dinero... *uno... dos...*

(A D. DIEGO.*)*

Son mis ganancias; por vos   655
pierdo aquí una cantidad
   considerable de oro

88

que iba a ganar... ¿y por qué?
Diez... quince... por no sé qué
cuento de amor... ¡un tesoro   660
   perdido!... voy al momento.
Es un puro disparate
empeñarse en que yo os mate;
lo digo, como lo siento.

D. DIEGO

Remiso andáis y cobarde
y hablador en demasía.   665

D. FÉLIX

Don Diego, más sangre fría:
para reñir nunca es tarde,
y si aún fuera otro el asunto,
yo os perdonara la prisa: 670
pidierais vos una misa
por la difunta, y al punto...[17].

D. DIEGO

¡Mal caballero!

D. FÉLIX

                Don Diego,
mi delito no es gran cosa.
Era vuestra hermana hermosa: 675
la vi, me amó, creció el fuego,
   se murió, no es culpa mía;

---

[17] Los cínicos desplantes de don Félix adeudan la acción y
~cipitan el duelo con don Diego.

89

y admiro vuestro candor,
que no se mueren de amor
las mujeres de hoy en día.   680

D. DIEGO

¿Estáis pronto?

D. FÉLIX

Están contados.
Vamos andando.

D. DIEGO

¿Os reís?

(Con voz solemne.)

Pensad que a morir venís.

(D. FÉLIX *sale tras de él, embolsándose el dinero
con indiferencia.)*

Son mil trescientos ducados.

ESCENA IV

Los jugadores.

JUGADOR PRIMERO

Este don Diego Pastrana   685
es un hombre decidido.
Desde Flandes ha venido
sólo a vengar a su hermana.

JUGADOR SEGUNDO

¡Pues no ha hecho mal disparate!
Me da el corazón su muerte.   690

JUGADOR TERCERO

¿Quién sabe? Acaso la suerte...

JUGADOR CUARTO

Me alegraré que lo mate.

Parte cuarta

Salió en fin de aquel estado, para caer en el dolor más sombrío, en la más desalentada desesperación y en la mayor amargura y desconsuelo que pueden apoderarse de este pobre corazón humano, que tan positivamente choca y se quebranta con los males, como con vaguedad aspira en algunos momentos, casi siempre sin conseguirlo, a tocar los bienes ligeramente y de pasada.

MIGUEL DE LOS SANTOS ÁLVAREZ. *La protección de un sastre* [18].

SPIRITUS QUIDEM PROMPTUS EST;
CARO VERO INFIRMA.
(S. Marc. Evang.)

Vedle, don Félix es, espada en mano,
sereno el rostro, firme el corazón;
también de Elvira el vengativo hermano   695
sin piedad a sus pies muerto cayó.

Y con tranquila audacia se adelanta
por la calle fatal del Ataúd;
y ni medrosa aparición le espanta,
ni le turba la imagen de Jesús [19].   700

La moribunda lámpara que ardía
trémula lanza su postrer fulgor,
y en honda oscuridad, noche sombría
la misteriosa calle encapotó.

---

[18] Se publica esta novela el mismo año que *El estudiante de Salamanca*. Su autor, el vallisoletano Miguel de los Santos Álvarez (1817-1892), fue amigo de Espronceda y continuó *El diablo mundo*. Además del poema *María*, destacó por la tendencia satírica de las narraciones recogidas en *Tentativas literarias*.

[19] Enlazan estos dos serventesios con la parte primera y aclaran el duelo en la misma calle del Ataúd.

Mueve los pies el Montemar osado   705
en las tinieblas con incierto giro,
cuando ya un trecho de la calle andado,
súbito junto a él oye un suspiro.

Resbalar por su faz sintió el aliento,
y a su pesar sus nervios se crisparon;   710
mas pasado el primero movimiento,
a su primera rigidez tornaron.

«¿Quién va?», pregunta con la voz serena,
que ni finge valor, ni muestra miedo,
el alma de invencible vigor llena,   715
fiado en su tajante de Toledo [20].

Palpa en torno de sí, y el impío jura,
y a mover vuelve la atrevida planta,
cuando hacia él fatídica figura,
envuelta en blancas ropas, se adelanta.   720

Flotante y vaga, las espesas nieblas
ya disipa y se anima y va creciendo
con apagada luz, ya en las tinieblas
su argentino blancor va apareciendo.

Ya leve punto de luciente plata,   725
astro de clara lumbre sin mancilla,
el horizonte lóbrego dilata
y allá en la sombra en lontananza brilla.

Los ojos Montemar fijos en ella,
con más asombro que temor la mira;   730
tal vez la juzga vagarosa estrella
que en el espacio de los cielos gira.

Tal vez engaño de sus propios ojos,
forma falaz que en su ilusión creó,
o del vino ridículos antojos   735
que al fin su juicio a alborotar subió.

_____

[20]   *tajante de Toledo*, espada toledana.

93

Mas el vapor del néctar jerezano
nunca su mente a trastornar bastara,
que ya mil veces embriagarse en vano
en frenéticas órgias[21] intentara.   740

«Dios presume asustarme: ¡ojalá fuera,
—dijo entre sí riendo— el diablo mismo!
que entonces, vive Dios, quién soy supiera
el cornudo monarca del abismo.»

Al pronunciar tan insolente ultraje   745
la lámpara del Cristo se encendió:
y una mujer velada en blanco traje,
ante la imagen de rodillas vio.

«Bienvenida la luz» —dijo el impío—.
«Gracias a Dios o al diablo»; y con osada,   750
firme intención y temerario brío,
el paso vuelve a la mujer tapada.

Mientras él anda, al parecer se alejan
la luz, la imagen, la devota dama,
mas si él se para, de moverse dejan: 755
y lágrima tras lágrima, derrama

de sus ojos inmóviles la imagen.
Mas sin que el miedo ni el dolor que inspira
su planta audaz, ni su impiedad atajen,
rostro a rostro a Jesús, Montemar mira.   760

—La calle parece se mueve y camina,
faltarle la tierra sintió bajo el pie;
sus ojos la muerta mirada fascina
del Cristo, que intensa clavada está en él.

---

21 La acentuación *órgias*, semejante a la forma griega y latina,
se debe a exigencias de la métrica; con el acento en la «i» resul-
taría un verso dodecasílabo. Así es un endecasílabo de ritmo me-
lódico: _ _ ´ _ _ ´ _ _ _ ´ _

Y en medio el delirio que embarga su mente,   767
y achaca él al vino que al fin le embriagó,
la lámpara alcanza con mano insolente
del ara do alumbra la imagen de Dios,

y al rostro la acerca, que el cándido lino
encubre, con ánimo asaz descortés;   770
mas la luz apaga viento repentino,
y la blanca dama se puso de pie.

Empero un momento creyó que veía
un rostro que vagos recuerdos quizá,
y alegres memorias confusas, traía   775
de tiempos mejores que pasaron ya.

Un rostro de un ángel que vio en un ensueño,
como un sentimiento que el alma halagó,
que anubla la frente con rígido ceño,
sin que lo comprenda jamás la razón.   780

Su forma gallarda dibuja en las sombras
el blanco ropaje que ondeante se ve,
y cual si pisara mullidas alfombras,
deslízase leve sin ruido su pie.

Tal vimos al rayo de la luna llena   785
fugitiva vela de lejos cruzar,
que ya la hinche en popa la brisa serena,
que ya la confunde la espuma del mar.

También la esperanza blanca y vaporosa
así ante nosotros pasa en ilusión,   790
y el alma conmueve con ansia medrosa
mientras la rechaza la adusta razón.

D. FÉLIX

«¡Qué! ¿sin respuesta me deja?
¿No admitís mi compañía?
¿Será quizá alguna vieja   795
devota?... ¡Chasco sería!

95

En vano, dueña, es callar,
ni hacerme señas que no;
he resuelto que sí yo,
y os tengo que acompañar.   800

Y he de saber dónde vais
y si sois hermosa o fea,
quién sois y cómo os llamáis.
Y aun cuando imposible sea,

y fuerais vos Satanás,   805
con sus llamas y sus cuernos,
hasta en los mismos infiernos,
vos delante y yo detrás,

hemos de entrar, ¡vive Dios!
Y aunque lo estorbara el cielo,   810
que yo he de cumplir mi anhelo
aun a despecho de vos:

y perdonadme, señora,
si hay en mi empeño osadía,
mas fuera descortesía   815
dejaros sola a esta hora:

y me va en ello mi fama,
que juro a Dios no quisiera
que por temor se creyera
que no he seguido a una dama.»   820

Del hondo del pecho profundo gemido,
crujido del vaso que estalla al dolor,
que apenas medroso lastima el oído,
pero que punzante rasga el corazón;

gemido de amargo recuerdo pasado,   825
de pena presente, de incierto pesar,
mortífero aliento, veneno exhalado
del que encubre el alma ponzoñoso mar;

Gemido de muerte lanzó y silenciosa
la blanca figura su pie resbaló,   830

cual mueve sus alas sílfide amorosa
que apenas las aguas del lago rizó.

¡Ay el que vio acaso perdida en un día
la dicha que eterna creyó el corazón,
y en noche de nieblas, y en honda agonía   835
en un mar sin playas muriendo quedó!...

Y solo y llevando consigo en su pecho,
compañero eterno su dolor crüel,
el mágico encanto del alma deshecho,
su pena, su amigo y amante más fiel[22]   840

miró sus suspiros llevarlos el viento,
sus lágrimas tristes perderse en el mar,
sin nadie que acuda ni entienda su acento,
insensible el cielo y el mundo a su mal...

Y ha visto la luna brillar en el cielo   845
serena y en calma mientras él lloró,
y ha visto los hombres pasar en el suelo
y nadie a sus quejas los ojos volvió,

y él mismo, la befa del mundo temblando,
su pena en su pecho profunda escondió,   850
y dentro en su alma su llanto tragando
con falsa sonrisa su labio vistió!!!...

¡Ay! quien ha contado las horas que fueron,
horas otro tiempo que abrevió el placer,
y hoy solo y llorando piensa cómo huyeron   855
con ellas por siempre las dichas de ayer;

y aquellos placeres, que el triste ha perdido,
no huyeron del mundo, que en el mundo están,
y él vive en el mundo do siempre ha vivido,
y aquellos placeres para él no son ya!!   860

---

22   En las ediciones modernas: «su pena, su amigo y *su* amante
más fiel».

¡Ay! del que descubre por fin la mentira,
¡Ay! del que la triste realidad palpó,
del que el esqueleto de este mundo mira[23],
y sus falsas galas loco le arrancó...

¡Ay! de aquel que vive solo en lo pasado...!   865
¡Ay! del que su alma nutre en su pesar[24],
las horas que huyeron llamara angustiado,
las horas que huyeron jamás[25] tornarán...

Quien haya sufrido tan bárbaro duelo,
quien noches enteras contó sin dormir   870
en lecho de espinas, maldiciendo al cielo,
horas sempiternas de ansiedad sin fin;

quien haya sentido quererse del pecho
saltar a pedazos roto el corazón;
crecer su delirio, crecer su despecho;   875
al cuello cien nudos echarle el dolor;

ponzoñoso lago de punzante hielo,
sus lágrimas tristes, que cuajó el pesar,
reventando ahogarle, sin hallar consuelo,
ni esperanza nunca, ni tregua en su afán.   880

Aquel, de la blanca fantasma el gemido,
única respuesta que a don Félix dio,
hubiera, y su inmenso dolor, comprendido,
hubiera pesado su inmenso valor.

D. FÉLIX

«Si buscáis algún ingrato,   885
yo me ofrezco agradecido;
pero o miente ese recato,

---

[23] Restituyo en los tres primeros versos de este cuarteto la forma de la edición príncipe. En las ediciones modernas: «¡ay! el», en lugar de «¡ay! del».
[24] Corregido en las ediciones modernas por «¡ay! aquel» y «¡ay! el».
[25] En otras ediciones «y no», en vez de «jamás» de la primera.

o vos sufrís el mal trato
de algún celoso marido.

»¿Acerté? ¡Necia manía!   890
Es para volverme loco,
si insistís en tal porfía;
con los mudos, reina mía,
yo hago mucho y hablo poco.»

Segunda vez importunada en tanto,   895
una voz de süave melodía
el estudiante oyó que parecía
eco lejano de armonioso canto:

De amante pecho lánguido latido,
sentimiento inefable de ternura,   900
suspiro fiel de amor correspondido,
el primer sí de la mujer aún pura.

«Para mí los amores acabaron:
todo en el mundo para mí acabó:
los lazos que a la tierra me ligaron,   905
el cielo para siempre desató»,

dijo su acento misterioso y tierno,
que de otros mundos la ilusión traía,
eco de los que ya reposo eterno
gozan en paz bajo la tumba fría.   910

Montemar, atento sólo a su aventura,
que es bella la dama y aun fácil juzgó,
y la hora, la calle y la noche oscura
nuevos incentivos a su pecho son.

—Hay riesgo en seguirme. —Mirad ¡qué reparo! 915
—Quizá luego os pese. —Puede que por vos.
—Ofendéis al cielo. —Del diablo me amparo.
—Idos, caballero, ¡no tentéis a Dios!

99

—Siento me enamora más vuestro despego,
y si Dios se enoja, pardiez que hará mal: 920
véame en vuestros brazos y máteme luego.
—¡Vuestra última hora quizá esta será!...

Dejad ya, don Félix, delirios mundanos.
—¡Hola, me conoce! —¡Ay! ¡Temblad por vos!
¡Temblad, no se truequen deleites livianos   925
en penas eternas! —Basta de sermón,

que yo para oírlos la cuaresma espero;
y hablemos de amores, que es más dulce hablar;
dejad ese tono solemne y severo,
que os juro, señora, que os sienta muy mal;   930

la vida es la vida: cuando ella se acaba,
acaba con ella también el placer.
¿De inciertos pesares por qué hacerla esclava?
Para mí no hay nunca mañana ni ayer.

Si mañana muero, que sea en mal hora   935
o en buena, cual dicen, ¿qué me importa a mí?
Goce yo el presente, disfrute yo ahora,
y el diablo me lleve si quiere al morir.

—¡Cúmplase en fin tu voluntad, Dios mío!—,
la figura fatídica exclamó: 940
Y en tanto al pecho redoblar su brío
siente don Félix y camina en pos.

Cruzan tristes calles,
plazas solitarias,
arruinados muros,   945
donde sus plegarias
y falsos conjuros,
en la misteriosa
noche borrascosa,

maldecida bruja 950
con ronca voz canta,
y de los sepulcros
los muertos levanta.
Y suenan los ecos
de sus pasos huecos 955
en la soledad;
mientras en silencio
yace la ciudad,
y en lúgubre son
arrulla su sueño 960
bramando Aquilón.

Y una calle y otra cruzan,
y más allá y más allá:
ni tiene término el viaje,
ni nunca dejan de andar, 965
y atraviesan, pasan, vuelven,
cien calles quedando atrás,
y paso tras paso siguen,
y siempre adelante van[26];
y a confundirse ya empieza 970
y a perderse Montemar,
que ni sabe a dó camina,
ni acierta ya dónde está;
y otras calles, otras plazas
recorre y otra ciudad, 975
y ve fantásticas torres
de su eterno pedestal
arrancarse, y sus macizas
negras masas caminar,
apoyándose en sus ángulos 980
que en la tierra, en desigual,
perezoso tronco fijan;

---

[26] Ya hemos visto cómo este rápido tránsito detrás de la visión se encuentra en el romance de Lisardo y en la novela *El golpe
en vago*, de García de Villalta.

y a su monótono andar,
las campanas sacudidas
misteriosos dobles dan;				985
mientras en danzas grotescas
y al estruendo funeral
en derredor cien espectros
danzan con torpe compás:
y las veletas sus frentes			990
bajan ante él al pasar,
los espectros le saludan,
y en cien lenguas de metal,
oye su nombre en los ecos
de las campanas sonar.				995

Mas luego cesa el estrépito,
y en silencio, en muda paz
todo queda, y desaparece
de súbito la ciudad:
palacios, templos, se cambian		1.000
en campos de soledad,
y en un yermo y silencioso
melancólico arenal,
sin luz, sin aire, sin cielo,
perdido en la inmensidad,			1.005
tal vez piensa que camina,
sin poder parar jamás,
de extraño empuje llevado
con precipitado afán;
entretanto que su guía				1.010
delante de él sin hablar,
sigue misterioso, y sigue
con paso rápido, y ya
se remonta ante sus ojos
en alas del huracán,				1.015
visión sublime, y su frente
ve fosfórica brillar,
entre lívidos relámpagos
en la densa oscuridad,

sierpes de luz, luminosos
engendros del vendaval;
y cuando duda si duerme,
si tal vez sueña o está
loco, si es tanto prodigio,
tanto delirio verdad.   1.025
Otra vez en Salamanca
súbito vuélvese a hallar,
distingue los edificios,
reconoce en dónde está,
y en su delirante vértigo   1.030
al vino vuelve a culpar,
y jura, y siguen andando
ella delante, él detrás.

    «¡Vive Dios!, dice entre sí,
o Satanás se chancea,   1.035
o no debo estar en mí
o el málaga que bebí
en mi cabeza aún humea.

    »Sombras, fantasmas, visiones...
Dale con tocar a muerto   1.040
y en revueltas confusiones,
danzando estos torreones
al compás de tal concierto.

    »Y el juicio voy a perder
entre tantas maravillas,   1.045
que estas torres llegué a ver,
como mulas de alquiler,
andando con campanillas.

    »¿Y esta mujer quién será?
Mas si es el diablo en persona,   1.050
¿a mí qué diantre me da?
Y más que el traje en que va
en esta ocasión, le abona.

»Noble señora, imagino
que sois nueva en el lugar: 1.055
andar así es desatino;
o habéis perdido el camino,
o esto es andar por andar.

»Ha dado en no responder,
que es la más rara locura   1.060
que puede hallarse en mujer,
y en que yo la he de querer
por su paso de andadura»[27].

En tanto don Félix a tientas seguía,
delante camina la blanca visión,   1.065
triplica su espanto la noche sombría,
sus hórridos gritos redobla Aquilón[28].

Rechinan girando las férreas veletas,
crujir de cadenas se escucha sonar,
las altas campanas, por el viento inquietas   1.070
pausados sonidos en las torres dan.

Rüido de pasos de gente que viene
a compás marchando con sordo rumor,
y de tiempo en tiempo su marcha detiene,
y rezar parece en confuso son.   1.075

Llegó de don Félix luego a los oídos,
y luego cien luces a lo lejos vio,
y luego en hileras largas divididos,
vio que murmurando con lúgubre voz,

---

27 Estas reflexiones bordean el monólogo interior. Compárense
con los dos monólogos anteriores de raíz dramática, encabezados
por el protagonista «Don Félix».
28 *Aquilón*, viento que sopla del Norte, tiene el valor poético de
«viento fuerte». Compárese con el verso 961: «bramando Aquilón».

enlutados bultos andando venían;   1.080
y luego más cerca con asombro ve,
que un féretro en medio y en hombros traían
y dos cuerpos muertos tendidos en él.

Las luces, la hora, la noche, profundo,
infernal arcano parece encubrir.   1.085
Cuando en hondo sueño yace muerto el mundo,
cuando todo anuncia que habrá de morir

al hombre, que loco la recia tormenta
corrió de la vida, del viento a merced,
cuando una voz triste las horas le cuenta,   1.090
y en lodo sus pompas convertidas ve,

forzoso es que tenga de diamante el alma
quien no sienta el pecho de horror palpitar,
quien como don Félix, con serena calma
ni en Dios ni en el diablo se ponga a pensar.   1.095

Así en tardos pasos, todos murmurando,
el lúgubre entierro ya cerca llegó,
y la blanca dama devota rezando,
entrambas rodillas en tierra dobló.

Calado el sombrero y en pie, indiferente   1.100
el féretro mira don Félix pasar,
y al paso pregunta con su aire insolente
los nombres de aquellos que al sepulcro van.

Mas ¡cuál su sorpresa, su asombro cuál fuera,
cuando horrorizado con espanto ve   1.105
que el uno don Diego de Pastrana era,
y el otro, ¡Dios santo!, y el otro era él...!

Él mismo, su imagen, su misma figura,
su mismo semblante, que él mismo era en fin:
y duda y se palpa y fría pavura   1.110
un punto en sus venas sintió discurrir.

Al fin era hombre, y un punto temblaron
los nervios del hombre, y un punto temió;
mas pronto su antigua vigor recobraron,
pronto su fiereza volvió al corazón.   1.115

—Lo que es, dijo, por Pastrana,
bien pensado está el entierro;
mas es diligencia vana
enterrarme a mí, y mañana
me he de quejar de este yerro.   1.120

Diga, señor enlutado,
¿a quién llevan a enterrar?
—Al estudiante endiablado
don Félix de Montemar»—,
respondió el encapuchado.   1.125

—Mientes, truhán. —No por cierto.
—Pues decidme a mí quién soy,
si gustáis, porque no acierto
cómo a un mismo tiempo estoy
aquí vivo y allí muerto [29].   1.130

---

[29] Encontramos la pregunta sobre el cadáver en el romance
del estudiante Lisardo, en la citada novela de García de Villalta.
En *El capitán Montoya*, de Zorrilla, don César pregunta a un
enlutado:
—¿Quién es el muerto, sabéis, —dijo— a quien rezando están?
Y él respondió: —El capitán Montoya: ¿le conocéis?
   La primera estupefacción de don Félix nos recuerda la de Saulo
en *El vaso de elección*, de Lope de Vega:

<blockquote>
¡No estoy
en mí! ¿Es sueño, es devaneo
lo que escucho y lo que veo?
Si es verdad que Saulo soy,
   ¿cómo me van a enterrar?
¿Libre del mar no salí,
y a Tarso he llegado? Sí
¿Pues cómo me anegó el mar?
</blockquote>

—Yo no os conozco. —Pardiez,
que si me llego a enojar,
tus burlas te haga llorar
de tal modo, que otra vez
conozcas ya a Montemar.   1.135

¡Villano!... mas esto es
ilusión de los sentidos,
el mundo que anda al revés,
los diablos entretenidos
en hacerme dar traspiés.   1.140

¡El fanfarrón de don Diego!
De sus mentiras reniego,
que cuando muerto cayó,
al infierno se fue luego
contando que me mató.   1.145

Diciendo así, soltó una carcajada,
y las espaldas con desdén volvió:
se hizo el bigote, requirió la espada,
y a la devota dama se acercó.

Con que, en fin, ¿dónde vivís?,   1.150
que se hace tarde, señora.
—Tarde, aún no; de aquí a una hora
lo será. —Verdad decís,
será más tarde que ahora.

Esa voz con que hacéis miedo,   1.155
de vos me enamora más:
yo me he echado el alma atrás;
juzgad si me dará un bledo
de Dios ni de Satanás.

—Cada paso que avanzáis   1.160
lo adelantáis a la muerte,
don Félix. ¿Y no tembláis,

y el corazón no os advierte
que a la muerte camináis?

Con eco melancólico y sombrío   1.165
dijo así la mujer, y el sordo acento,
sonando en torno del mancebo impío,
rugió en la voz del proceloso viento.

Las piedras con las piedras se golpearon,
bajo sus pies la tierra retembló,   1.170
las aves de la noche se juntaron,
y sus alas crujir sobre él sintió:

y en la sombra unos ojos fulgurantes
vio en el aire vagar que espanto inspiran,
siempre sobre él saltándose anhelantes: 1.175
ojos de horror que sin cesar le miran.

Y los vio y no tembló: mano a la espada
puso y la sombra intrépido embistió,
y ni sombra encontró ni encontró nada;
sólo fijos en él los ojos vio.   1.180

Y alzó los suyos impaciente al cielo,
y rechinó los dientes y maldijo,
y en él creciendo el infernal anhelo,
con voz de enojo blasfemado dijo:

«Seguid, señora, y adelante vamos: 1.185
tanto mejor si sois el diablo mismo,
y Dios y el diablo y yo nos conozcamos,
y acábese por fin tanto embolismo [30].

»Que de tanto sermón, de farsa tanta,
juro, pardiez, que fatigado estoy: 1.190
nada mi firme voluntad quebranta,
sabed en fin que donde vayáis voy.

---

[30]   *tanto embolismo*, tanta confusión, tanto enredo.

»Un término no más tiene la vida:
término fijo; un paradero el alma;
ahora adelante.» Dijo, y en seguida   1.195
camina en pos con decidida calma.

Y la dama a una puerta se paró,
y era una puerta altísima, y se abrieron
sus hojas en el punto en que llamó,
que a un misterioso impulso obedecieron[31];   1.200
y tras la dama el estudiante entró;
ni pajes ni doncellas acudieron;
y cruzan a la luz de unas bujías
fantásticas, desiertas galerías.

Y la visión como engañoso encanto,   1.205
por las losas deslízase sin ruido,
toda encubierta bajo el blanco manto
que barre el suelo en pliegues desprendido;
y por el largo corredor en tanto
sigue adelante y síguela atrevido,   1.210
y su temeridad raya en locura,
resuelto Montemar a su aventura.

Las luces, como antorchas funerales,
lánguida luz y cárdena esparcían,
y en torno en movimientos desiguales   1.215
las sombras se alejaban o venían:
arcos aquí ruinosos, sepulcrales,
urnas allí y estatuas se veían,
rotas columnas, patios mal seguros,
yerbosos, tristes, húmedos y oscuros.   1.220

Todo vago, quimérico y sombrío,
edificio sin base ni cimiento,
ondula cual fantástico navío

---

[31] Estas puertas de la mansión de los muertos nos recuerdan
las puertas que se abren ante don Juan y Camacho, en la penúltima
escena de *No hay plazo que no se cumpla...*, de Antonio de Zamora.

que anclado mueve borrascoso viento.
En un silencio aterrador y frío   1.225
yace allí todo: ni rumor, ni aliento
humano nunca se escuchó; callado,
corre allí el tiempo, en sueño sepultado[32].

Las muertas horas a las muertas horas
siguen en el reloj de aquella vida,   1.230
sombras de horror girando aterradoras,
que allá aparecen en medrosa huida;
ellas solas y tristes moradoras
de aquella negra, funeral guarida,
cual soñada fantástica quimera,   1.235
vienen a ver al que su paz altera.

Y en él enclavan los hundidos ojos
del fondo de la larga galería,
que brillan lejos, cual carbones rojos,
y espantaran la misma valentía: 1.240
y muestran en su rostro sus enojos
al ver hollada su mansión sombría,
y ora en grupos delante se aparecen,
ora en la sombra allá se desvanecen.

Grandiosa, satánica figura,   1.245
alta la frente, Montemar camina,
espíritu sublime en su locura,
provocando la cólera divina:
fábrica frágil de materia impura,
el alma que la alienta y la ilumina,   1.250
con Dios le iguala, y con osado vuelo
se alza a su trono y le provoca a duelo.

---

[32] En las últimas cuatro octavas reales, el poeta juega con una
serie de motivos para sugerirnos la eternidad del reino de la muerte:
la impresionante verticalidad de las puertas, las fantásticas galerías desiertas, el corredor largo y oscuro, el silencio aterrador, el
tiempo «en sueño sepultado».

Segundo Lucifer que se levanta
del rayo vengador la frente herida,
alma rebelde que el temor no espanta,   1.255
hollada sí, pero jamás vencida:
el hombre en fin que en su ansiedad quebranta
su límite a la cárcel de la vida,
y a Dios llama ante él a darle cuenta,
y descubrir su inmensidad intenta[33].   1.260

Y un báquico cantar tarareando,
cruza aquella quimérica morada,
con atrevida indiferencia andando,
mofa en los labios, y la vista osada;
y el rumor que sus pasos van formando,   1.265
y el golpe que al andar le da la espada,
tristes ecos, siguiéndole detrás,
repiten con monótono compás.

Y aquel extraño y único rüido
que de aquella mansión los ecos llena,   1.270
en el suelo y los techos repetido,
en su profunda soledad resuena;
y expira allá cual funeral gemido
que lanza en su dolor la ánima en pena,
que al fin del corredor largo y oscuro   1.275
salir parece de entre el roto muro.

Y en aquel otro mundo, y otra vida,
mundo de sombras, vida que es un sueño,
vida, que con la muerte confundida,
ciñe sus sienes con letal beleño[34];   1.280

[33] Culmina aquí la rebeldía de don Félix, al encararse con
Dios. Como ya ha visto Casalduero, se han cambiado los términos
con respecto al teatro del Siglo de Oro.

[34] La planta *solinácea beleño* contiene el principio narcótico
hioisciamina; pero al atribuirle el calificativo *letal*, tan empleado
en los poetas románticos, intensifica su acción narcótica. Creo, sin
embargo, que el sintagma nominal «letal beleño» bordea el sentido
metafórico.

mundo, vaga ilusión descolorida
de nuestro mundo y vaporoso ensueño,
son aquel ruido y su locura insana,
la sola imagen de la vida humana [35].

Que allá su blanca misteriosa guía   1.285
de la alma dicha la ilusión parece,
que ora acaricia la esperanza impía,
ora al tocarla ya se desvanece:
blanca, flotante nube, que en la umbría
noche, en alas del céfiro se mece;   1.290
su airosa ropa, desplegada al viento,
semeja en su callado movimiento:

humo süave de quemado aroma
que al aire en ondas a perderse asciende,
rayo de luna que en la parda loma,   1.295
cual un broche su cima al éter prende;
silfa que con el alba envuelta asoma
y al nebuloso azul sus alas tiende,
de negras sombras y de luz teñidas,
entre el alba y la noche confundidas.   1.300

Y ágil, veloz, aérea y vaporosa,
que apenas toca con los pies el suelo,
cruza aquella morada tenebrosa
la mágica visión del blanco velo:
imagen fiel de la ilusión dichosa   1.305
que acaso el hombre encontrará en el cielo.
Pensamiento sin fórmula y sin nombre,
que hace rezar y blasfemar al hombre.

Y al fin del largo corredor llegando,
Montemar sigue su callada guía,   1.310
y una de mármol negro va bajando

---

[35] La muerte, como imagen de la vida humana, aparece ya en
los poetas de la época barroca.

de caracol torcida gradería,
larga, estrecha y revuelta, y que girando
en torno de él y sin cesar veía
suspendida en el aire y con violento,   1.315
veloz, vertiginoso movimiento.

Y en eterna espiral y en remolino
infinito prolóngase y se extiende,
y el juicio pone en loco desatino
a Montemar que en tumbos mil desciende.   1.320
Y, envuelto en el violento torbellino,
al aire se imagina, y se desprende,
y sin que el raudo movimiento ceda,
mil vueltas dando, a los abismos rueda:

y de escalón en escalón cayendo,   1.325
blasfema y jura con lenguaje inmundo,
y su furioso vértigo creciendo,
y despeñado rápido al profundo,
los silbos ya del huracán oyendo,
ya ante él pasando en confusión el mundo,   1.330
ya oyendo gritos, voces y palmadas,
y aplausos y brutales carcajadas;

llantos y ayes, quejas y gemidos,
mofas, sarcasmos, risas y denuestos,
y en mil grupos acá y allá reunidos,   1.335
viendo debajo de él, sobre él enhiestos,
hombres, mujeres, todos confundidos,
con sandia pena, con alegres gestos,
que con asombro estúpido le miran
y en el perpetuo remolino giran [36].   1.340

Siente, por fin, que de repente para,
y un punto sin sentido se quedó;

---

[36] El «vertiginoso movimiento», los confundidos lamentos, el
girar en perpetuo remolino, nos acerca al impresionante segundo
círculo infernal de la *Divina Comedia*, de Dante.

mas luego valeroso se repara,
abrió los ojos y de pie se alzó;
y fue el primer objeto en que pensara   1.345
la blanca dama, y alrededor miró,
y al pie de un triste monumento hallóla,
sentada en medio de la estancia, sola.

Era un negro solemne monumento
que en medio de la estancia se elevaba,   1.350
y a un tiempo a Montemar, ¡raro portento!,
una tumba y un lecho semejaba:
ya imaginó su loco pensamiento
que abierta aquella tumba le aguardaba;
ya imaginó también que el lecho era   1.355
tálamo blando que al esposo espera.

Y pronto, recobrada su osadía,
y a terminar resuelto su aventura,
al cielo y al infierno desafía
con firme pecho y decisión segura: 1.360
a la blanca visión su planta guía,
y a descubrirse el rostro la conjura,
y a sus pies Montemar tomando asiento,
así la habló con animoso acento:

«Diablo, mujer o visión,   1.365
que, a juzgar por el camino
que conduce a esta mansión,
eres puro desatino
o diabólica invención:

»Siquier de parte de Dios,   1.370
siquier de parte del diablo,
¿quién nos trajo aquí a los dos?
Decidme, en fin, ¿quién sois vos?
y sepa yo con quién hablo:

»Que más que nunca palpita   1.375
resuelto mi corazón,
cuando en tanta confusión,
y en tanto arcano que irrita,
me descubre mi razón.

»Que un poder aquí supremo,   1.380
invisible se ha mezclado,
poder que siento y no temo,
a llevar determinado
esta aventura al extremo.»

      Fúnebre   1.385
      llanto
      de amor,
      óyese
      en tanto
      en son   1.390

flébil, blando,
cual quejido
dolorido
que del alma
se arrancó;
cual profundo   1.395
¡ay! que exhala
moribundo
corazón.

   Música triste,   1.400
lánguida y vaga,
que a par lastima
y el alma halaga;
dulce armonía
que inspira al pecho   1.405
melancolía,
como el murmullo
de algún recuerdo

de antiguo amor,
a un tiempo arrullo   1.410
y amarga pena
del corazón.
Mágico embeleso,
cántico ideal,

   que en los aires vaga   1.415
y en sonoras ráfagas
aumentando va:
sublime y oscuro,
rumor prodigioso,
sordo acento lúgubre,   1.420
eco sepulcral,
músicas lejanas,
de enlutado parche
redoble monótono,
cercano huracán,   1.425
que apenas la copa
del árbol menea
y bramando está:
olas alteradas
de la mar bravía,   1.430
en noche sombría
los vientos en paz,
y cuyo rugido
se mezcla al gemido
del muro que trémulo   1.435
las siente llegar:
pavoroso estrépito,
infalibre présago
de la tempestad.

   Y en rápido *crescendo*,   1.440
los lúgubres sonidos
más cerca vanse oyendo
y en ronco rebramar;
cual trueno en las montañas

que retumbando va,
cual rujen las entrañas
de horrísono volcán.

Y algazara y gritería,
crujir de afilados huesos,
rechinamiento de dientes   1.450
y retemblar los cimientos,
y en pavoroso estallido
las losas del pavimento
separando sus junturas
irse poco a poco abriendo,   1.455
siente Montemar, y el ruido
más cerca crece, y a un tiempo
escucha chocarse cráneos,
ya descarnados y secos,
temblar en torno la tierra,   1.460
bramar combatidos vientos,
rugir las airadas olas,
estallar el ronco trueno,
exhalar tristes quejidos
y prorrumpir en lamentos: 1.465
todo en furiosa armonía,
todo en frenético estruendo,
todo en confuso trastorno,
todo mezclado y diverso [37].

Y luego el estrépito crece   1.470
confuso y mezclado en un son,
que ronco en las bóvedas hondas
tronando furioso zumbó;
y un eco que agudo parece
del ángel del juicio la voz,   1.475
en triple, punzante alarido,
medroso y sonoro se alzó;

---

[37] Ya hemos notado la relación de esta escena con el tiempo
final de *La sinfonía fantástica*, de Hector Berlioz.

sintió, removidas las tumbas,
crujir a sus pies con fragor
chocar en las piedras los cráneos   1.480
con rabia y ahínco feroz,
romper intentando la losa,
y huir de su eterna mansión,
los muertos, de súbito oyendo
el alto mandato de Dios.   1.485

Y de pronto en horrendo estampido
desquiciarse la estancia sintió,
y al tremendo tartáreo rüido[38]
cien espectros alzarse miró:

de sus ojos los huecos fijaron   1.490
y sus dedos enjutos en él;
y después entre sí se miraron,
y a mostrarle tornaron después;

y enlazadas las manos siniestras,
con dudoso, espantado ademán   1.495
contemplando, y tendidas sus diestras
con asombro al osado mortal,

se acercaron despacio y la seca
calavera, mostrando temor,
con inmóvil, irónica mueca
inclinaron, formando enredor.

Y entonces la visión del blanco velo
al fiero Montemar tendió una mano,
y era su tacto de crispante hielo,
y resistirlo audaz intentó en vano: 1.505

---

[38]   *tartáreo rüido*, «infernal ruido».
[39]   La blanca visión, primeramente anhelo del protagonista, después, su propia conciencia se convierte aquí en «esposa» espectral, personificación de la muerte.

galvánica, cruel, nerviosa y fría,
histérica y horrible sensación,
toda la sangre coagulada envía
agolpada y helada al corazón...

Y a su despecho y maldiciendo al cielo,   1.510
de ella apartó su mano Montemar,
y temerario alzándola a su velo,
tirando de él la descubrió la faz.
    ¡Es su esposo!, los ecos retumbaron,
¡La esposa al fin que su consorte halló!   1.515
Los espectros con júbilo gritaron:
¡Es el esposo de su eterno amor!

Y ella entonces gritó: *¡Mi esposo!* Y era
(¡desengaño fatal!, ¡triste verdad!)
una sórdida, horrible calavera,   1.520
la blanca dama del gallardo andar...

Luego un caballero de espuela dorada,
airoso, aunque el rostro con mortal color,
traspasado el pecho de fiera estocada,
aún brotando sangre de su corazón,   1.525

se acerca y le dice, su diestra tendida,
que impávido estrecha también Montemar:
—Al fin la palabra que disteis, cumplida;
doña Elvira, vedla, vuestra esposa es ya.

—Mi muerte os perdono. Por cierto,
                              [don Diego,   1.530
repuso don Félix tranquilo a su vez,
me alegro de veros con tanto sosiego,
que a fe no esperaba volveros a ver.

En cuanto a ese espectro que decís mi esposa,
raro casamiento venísme a ofrecer: 1.535

su faz no es por cierto ni amable ni hermosa,
mas no se os figure que os quiera ofender.

Por mujer la tomo, porque es cosa cierta,
y espero no salga fallido mi plan,
que en caso tan raro y mi esposa muerta,   1.540
tanto como viva no me cansará.

Mas antes decidme si Dios o el demonio
me trajo a este sitio, que quisiera ver
al uno o al otro, y en mi matrimonio
tener por padrino siquiera a Luzbel: 1.545

Cualquiera o entrambos con su corte toda,
estando estos nobles espectros aquí,
no perdiera mucho viniendo a mi boda...
Hermano don Diego, ¿no pensáis así?

Tal dijo don Félix con fruncido ceño,   1.550
en torno arrojando con fiero ademán
miradas audaces de altivo desdeño,
al Dios por quien jura capaz de arrostrar.

El cariado, lívido esqueleto,
los fríos, largos y asquerosos brazos,   1.555
le enreda en tanto en apretados lazos,
y ávido le acaricia en su ansiedad:
y con su boca cavernosa busca
la boca a Montemar, y a su mejilla
la árida, descarnada y amarilla   1.560
junta y refriega repugnante faz[40].

Y él, envuelto en sus secas coyunturas,
aún más sus nudos que se aprieta siente,
baña un mar de sudor su ardida frente

---

[40] La anhelante aventura, el ideal romántico, se transforma en
lívido esqueleto; el abrazo amoroso, en repugnante lazo.

y crece en su impotencia su furor;   1.565
pugna con ansia a desasirse en vano,
y cuanto más airado forcejea,
tanto más se le junta y le desea
el rudo espectro que le inspira horror.

Y en furioso, veloz remolino,   1.570
y en aérea fantástica danza,
que la mente del hombre no alcanza
en su rápido curso a seguir,
los espectros su ronda empezaron,
cual en círculos raudos el viento   1.575
remolinos de polvo violento
y hojas secas agita sin fin.

Y elevando sus áridas manos,
resonando cual lúgubre eco,
levantóse con su cóncavo hueco   1.580
semejante a un aullido una voz:
pavorosa, monótona, informe,
que pronuncia sin lengua su boca,
cual la voz que del áspera roca
en los senos el viento formó[41].   1.585

«Cantemos, dijeron sus gritos,
la gloria, el amor de la esposa,
que enlaza en sus brazos dichosa,
por siempre al esposo que amó:
su boca a su boca se junte,   1.590
y selle su eterna delicia,
suave, amorosa caricia
y lánguido beso de amor.

»Y en mutuos abrazos unidos,
y en blando y eterno reposo,   1.595

---

[41] En estas dos octavas italianas, el invariable ritmo anapés-
tico de los decasílabos, sin cesura medial (— — ´ — — ´ — —
´ —), es un eco onomatopéyico de la danza espectral.

la esposa enlazada al esposo
por siempre descansen en paz:
y en fúnebre luz ilumine
sus bodas fatídica tea,
les brinde deleites y sea   1.600
la tumba su lecho nupcial.»

Mientras, la ronda frenética
que en raudo giro se agita,
más cada vez precipita
su vértigo sin ceder;   1.605
más cada vez se atropella,
más cada vez se arrebata,
y en círculos se desata
violentos más cada vez:

y escapa en rueda quimérica,   1.610
y negro punto parece
que en torno se desvanece
a la fantástica luz,
y sus lúgubres aullidos
que pavorosos se extienden,   1.615
los aires rápidos hienden
más prolongados aún.

Y a tan continuo vértigo,
a tan funesto encanto,
a tan horrible canto,   1.620
a tan tremenda lid;
entre los brazos lúbricos
que aprémianle sujeto,
del hórrido esqueleto,
entre caricias mil: 1.625

Jamás vencido el ánimo,
su cuerpo ya rendido,
sintió desfallecido
faltarle, Montemar;

y a par que más su espíritu   1.630
desmiente su miseria
la flaca, vil materia
comienza a desmayar.

Y siente un confuso,
loco devaneo,   1.635
languidez, mareo
y angustioso afán:
y sombras y luces
la estancia que gira,
y espíritus mira   1.640
que vienen y van.

Y luego a lo lejos,
flébil en su oído,
eco dolorido
lánguido sonó,   1.645
cual la melodía
que el aura amorosa,
y el aura armoniosa
de noche formó:

y siente luego   1.650
su pecho ahogado
y desmayado,
turbios sus ojos,
sus graves párpados
flojos caer: 1.655
la frente inclina
sobre su pecho,
y a su despecho,
siente sus brazos
lánguidos, débiles,   1.660
desfallecer.

Y vio luego
una llama
que se inflama

y murió; 1.665
y perdido,
oyó el eco
de un gemido
que expiró [42].

Tan, dulce 1.670
suspira
la lira
que hirió,
en blando
concepto, 1.675
del viento
la voz,

leve,
breve
son. 1.680

En tanto en nubes de carmín y grana
su luz el alba arrebolada envía,
y alegre regocija y engalana
las altas torres al naciente día;
sereno el cielo, calma la mañana, 1.685
blanda la brisa, trasparente y fría,
vierte a la tierra el sol con su hermosura
rayos de paz y celestial ventura.

Y huyó la noche y con la noche huían
sus sombras y quiméricas mujeres, 1.690
y a su silencio y calma sucedían
el bullicio y rumor de los talleres [43];

---

[42] Después de la horrible danza en los brazos esqueléticos de
la «muerte», la vida del protagonista se apaga con el ritmo descendente de la escala métrica.
[43] *El estudiante de Salamanca* es un impresionante poema de
la muerte y de la noche. Frente a las quiméricas sombras, se abre
la vida activa, el bullicio, el rumor de los talleres.

y a su trabajo y a su afán volvían
los hombres y a sus frívolos placeres,
algunos hoy volviendo a su faena   1.695
de zozobra y temor el alma llena:

  ¡Que era pública voz, que llanto arranca
del pecho pecador y empedernido,
que en forma de mujer y en una blanca
túnica misteriosa revestido,   1.700
aquella noche el diablo a Salamanca
había en fin por Montemar venido!...
Y si, lector, dijerdes ser comento,
como me lo contaron, te lo cuento.

Colección Letras Hispánicas